金融科技多元化发展与创新路径探析

母晓培　顾瑞莹　史莉莉◎著

中国出版集团　现代出版社

图书在版编目（ＣＩＰ）数据

金融科技多元化发展与创新路径探析 / 母晓培，顾
瑞莹，史莉莉著. -- 北京：现代出版社，2023.12
ISBN 978-7-5231-0704-1

Ⅰ. ①金… Ⅱ. ①母… ②顾… ③史… Ⅲ. ①金融－
科学技术－多元化－发展－研究 Ⅳ. ①F830

中国国家版本馆CIP数据核字(2023)第249659号

著　　者　　母晓培　顾瑞莹　史莉莉
责任编辑　　申　晶

出 版 人　　乔先彪
出版发行　　现代出版社
地　　址　　北京市安定门外安华里504号
邮政编码　　100011
电　　话　　(010) 64267325
传　　真　　(010) 64245264
网　　址　　www.1980xd.com
印　　刷　　北京四海锦诚印刷技术有限公司
开　　本　　787mm×1092mm　1/16
印　　张　　10.25
字　　数　　232千字
版　　次　　2024年7月第1版　2024年7月第1次印刷
书　　号　　ISBN 978-7-5231-0704-1
定　　价　　58.00元

前　言

随着全球金融体系的不断演进和数字化浪潮的兴起，金融科技已经成为金融领域中的一股强大力量。金融科技的崛起引发了广泛的兴趣，涉及全球金融机构、初创企业以及监管机构。在金融科技的迅速发展过程中，传统金融机构正面临前所未有的挑战。新兴技术，如区块链、人工智能、大数据分析和云计算，正在重新定义金融服务的支付方式，使其更高效、安全且普及。与此同时，金融科技也为消费者提供了更多选择，拓展了金融产品和服务的多样性，这一多元化发展不仅仅体现在支付领域，还包括借贷、投资、保险和数字货币等多个领域，激发了金融创新的潜力，推动了金融市场的不断演化。

在全球范围内，金融科技初创企业在多个领域蓬勃发展，挑战着传统金融机构，推动了金融行业的不断创新。然而，金融科技的崛起也伴随着一系列挑战，这些挑战包括数据隐私、网络安全以及监管合规等问题。因此，金融科技的创新路径需要在促进技术进步的同时，确保金融体系的稳定和可持续性。

鉴于此，本书以"金融科技多元化发展与创新路径探析"为选题，首先探讨金融科技及其多元化发展，内容包括金融科技的基本理论、金融科技的多元化内容构建、金融科技的多元化发展探究、金融科技赋能数字经济发展研究；其次分析金融科技的创新路径，内容涵盖金融科技的技术创新、金融科技的商业模式创新、金融科技的合作伙伴关系创新。

本书主要有以下特点。

第一，综合性：本书全面涵盖了金融科技领域的多个方面，包括数字支付、区块链技术、人工智能、大数据分析、金融安全等。读者可以获得一份全景式的金融科技行业概览。

第二，深度分析：书中提供了深入的分析和探讨，包括对金融科技趋势、挑战和机遇的深刻理解。

第三，多元化视角：本书不仅关注技术和商业方面，还探讨了金融科技对社会的影响，这有助于读者更好地理解金融科技。

笔者在本书的写作过程中，得到了许多专家学者的帮助和指导，在此表示诚挚的谢意。由于笔者水平有限，加之时间仓促，书中所涉及的内容难免有疏漏之处，希望各位读者多提宝贵意见，以便笔者进一步修改，使之更加完善。

目　录

第一篇　金融科技及其多元化发展

第二篇　金融科技的创新路径探析

第一篇　金融科技及其多元化发展

第一章
金融科技的基本理论

第一节　金融科技的内涵与外延

一、金融科技的内涵

金融科技（FinTech）是指利用信息技术和创新方法来改善和简化金融服务和金融业务的领域。"金融科技，是创新金融实现形式，以数据为基础，以技术为手段，核心在于通过各种前沿科技的应用，实现金融服务效率提升、交易成本降低、产品和服务形式创新以及客户体验改善。"[①] 具体从以下八个方面探讨。

第一，金融服务数字化：金融科技通过数字化转型，将传统金融服务如银行、保险、支付、投资等，以电子形式提供给消费者和企业，这包括在线银行、电子支付、数字化账户管理等。

第二，创新支付解决方案：FinTech 公司提供了多种支付方式，包括移动支付、电子钱包、虚拟信用卡等，以提高支付的便捷性和安全性。

第三，互联网借贷（Peer-to-Peer，P2P）：P2P 借贷平台通过在线市场将借款人和投资人连接起来，绕过传统银行，使获得贷款更加简单和灵活。

第四，区块链技术：区块链是一种分布式账本技术，被用于加密货币（如比特币等）以及其他金融应用，提供了更安全和透明的交易方式。

第五，人工智能和大数据分析：FinTech 公司使用人工智能和大数据分析来评估风险、进行信用评分、自动化投资组合管理以及提供个性化金融建议。

第六，保险科技（InsurTech）：InsurTech 公司采用技术来改进保险业务，包括在线保险购买、索赔处理自动化以及数据分析以确定保险费率。

第七，金融市场技术：这包括高频交易、算法交易和其他自动化交易策略，以改进交

①顾晓敏,梁力军,孙璐.金融科技概论［M］.北京:中国金融出版社,2020:4.

易效率和风险管理。

第八，金融教育和普及：FinTech 也有助于提高金融素养，提供在线教育、财务咨询和工具，使个人更好地管理财务。

二、金融科技的外延

在外延上，根据金融稳定理事会等国际经济组织的定义与金融科技行业实践上的丰富性，可以认为，金融科技既包括前端产业也包含后台技术。具体有以下三方面含义：其一，当金融科技是指前端产业时，其实质含义是指大数据、云计算、人工智能、分布式账本（区块链）等新兴信息技术在金融活动中的应用。其二，当金融科技是指后台技术时，则是指大数据、人工智能等新兴信息技术本身，其实质含义是科技，是金融业务中所使用的新技术。其三，当金融科技是指技术带来的金融创新载体时，首先指的是金融科技企业，金融科技企业指本身不提供金融服务，却能为金融机构提供技术服务；其次指的是采用新技术进行金融业务创新的持牌金融机构；最后指的是金融科技企业与持牌金融机构的合作联盟，也包括发端于科技企业的利用科技力量进军传统金融市场的新入行竞争者。

另外，金融科技旨在提高效率、增加透明度、降低成本，同时为个人和企业提供更多金融服务和工具，它已经不再局限于传统的银行和金融机构，而是变得多元化和广泛应用于不同领域。以下探讨金融科技的外延，展示其如何涵盖了多个关键领域，推动了金融行业的数字化和创新。

第一，区块链技术。区块链技术是金融科技领域的一大亮点。最初以比特币为代表的加密货币引入了区块链，但如今它已经超越了数字货币，被广泛应用于金融服务。区块链是一种分布式账本技术，它的去中心化特点使其成为一种安全、透明、不可篡改的数据库。金融机构使用区块链来加强数据安全，改进跨境支付系统，并提高结算速度。此外，智能合约（Smart Contracts）也是区块链技术的一部分，它们能够自动执行合同条款，从而减少中介和降低交易成本。

第二，人工智能和机器学习。人工智能（Artificial Intelligence，AI）和机器学习（ML）在金融领域的应用非常广泛。它们可以用于风险管理、自动化交易、客户服务和反欺诈。ML 算法可以分析大规模的数据，以帮助金融机构更好地了解客户的行为模式，预测市场走势，识别潜在的欺诈行为。AI 还可以用于改进客户服务，例如虚拟助手可以为客户提供 24/7 支持，回答常见问题，从而提高客户满意度。

第三，云计算。云计算已经成为金融机构的一项核心技术。金融机构需要处理大规模的数据，同时降低成本和提高可扩展性。云计算平台可以提供灵活的存储和计算资源，以满足金融机构不断增长的需求。通过采用云计算，金融机构可以更好地应对峰值交易需求，同时降低硬件和维护成本。

第四，大数据分析。金融科技公司利用大数据分析来进行市场研究、风险评估和客户洞察，这有助于制定更智能的决策。通过分析大规模数据，金融机构可以更好地了解市场趋势、评估风险、个性化客户服务。大数据分析还有助于发现隐藏在数据中的模式和趋势，为投资者提供更多有价值的信息。

第五，数字支付。数字支付已经彻底改变了消费者和商家之间的支付方式。移动支付、电子钱包和数字银行等数字支付解决方案已经迅速普及。它们提供了更便捷、更快速的支付方式，减少了现金交易的需求，这对于个人和企业来说都是巨大的便利，同时也有助于减少货币流通成本和促进金融包容性。

第六，金融咨询和投资平台。在线投资平台和咨询服务提供了更多渠道，帮助个人和机构投资者管理其投资组合。投资者可以通过这些平台获得更多的信息和建议，从而更明智地进行投资决策。这也为初学者提供了更多的机会，帮助他们进入投资世界。

第七，保险科技。保险科技是金融科技的一个重要分支。它涉及数字化保险流程、风险评估和索赔处理，以提供更便捷、智能的保险服务。保险科技利用数据分析和先进技术来改进保险产品的定价和风险管理。此外，数字化流程还可以提高索赔处理的效率，从而更好地满足客户的需求。

第八，金融教育技术。金融科技还在教育领域发挥作用，提供在线培训和教育资源，帮助人们提高金融素养。金融教育技术为个人提供了更多了解金融和投资的机会，从而更好地管理自己的财务，这对于提高金融素养和促进金融包容性非常重要。

第九，区域金融科技。一些金融科技公司专注于满足特定地区或国家的金融需求，因地区性差异而不断创新，这些公司了解当地市场的需求和挑战，因此能够提供更贴近当地文化和法规的金融解决方案，有助于推动金融科技在全球范围内的普及。

第十，社交金融。社交金融是社交媒体和金融科技的结合。它用于支付、借贷、投资和众筹，让社交网络更具金融互动。社交金融平台允许用户分享金融信息、互相借款、投资朋友的项目，甚至通过社交网络筹集资金，这增加了金融交易的社交性和便捷性。

第十一，环境、社会和治理（ESG）金融。金融科技正在支持 ESG 标准的应用，以促进可持续投资。投资者越来越关注企业的环境、社会和治理表现，金融科技可以提供工具来评估和投资符合这些标准的项目，这有助于推动可持续发展和企业社会责任的发展。

第二节 金融科技的本质与业态

一、金融科技的本质

金融科技的本质仍属金融，其含义是科技本身并非金融，而仅仅是金融活动所赖以实现的一种技术手段，但新兴信息技术与金融的结合所构成的金融科技，仍然具有金融本身所固有的全部属性。金融的主要属性包括以下三个方面。

（一）金融是信用交易

经济学上的信用，是一种在现货交易（即时结清的交易）基础上派生出来的借贷关系，交易的结清是一个未来发生的行为。在信用交易中，交易的一方以对方偿还为条件，向对方先行移转商品（包括货币）的所有权，或者部分权能①；一方对商品所有权或其权能的先行移转与另一方的相对偿还之间，存在一定的时间差；先行交付的一方需要承担一定的信用风险，信用交易的发生是基于给予对方信任。而金融则是信用交易的高级形式，在人类经济史上，交易形式从最初的物物交换，发展到以货币为媒介的商品流通，再到纯粹意义上的债权债务关系凭证的金融形式交易，就是一个信用关系从无到有、从低级到高级的发展过程。金融交易的现代形式不仅不否定原初构建于商品赊销基础上的信用关系，反而是它的补充和完善。因此，信用关系是全部金融交易的基础，离开了信用，离开了交易双方的信任关系，就没有任何金融交易可言。反之，金融最能体现信用的原则与特性。在发达商品经济中，信用已与货币流通融为一体。

（二）金融交易以货币为对象

货币是用作交易媒介、储藏价值和记账单位的一种工具。货币的形态既包括流通货币，也包括各种储蓄存款；在现代经济中，以实体通货（纸币或硬币）形式存在的货币只占很小部分，大部分交易使用支票或电子货币。

在现代经济中，货币不仅是国家主权的象征，也是国家的主要宏观调控工具。国家会通过特定的货币制度来对货币的有关要素、货币流通的组织与管理等加以规定，以保证货

---

①权能：在法律意义上是指权利人为实现其权利所体现的目的利益依法所能采取的手段，是体现权利人的意思支配力的方式。

币和货币流通的稳定，保障货币正常发挥各项职能。

（三）商业银行的信用创造机制是现代金融的核心

信用创造是指商业银行通过吸收活期存款、发放贷款，从而增加银行的资金来源、扩大社会货币供应量的过程。通过商业银行的信用创造，既可以节省经济中的现金使用，减少社会流通费用，又能够满足社会经济发展对流通手段和支付手段的需要。商业银行的信用创造程度和商业银行体系的健全程度成正比，商业银行体系越发达，信用创造的现象就越普遍，所创造的信用总量也越大。商业银行信用创造功能越大，全社会的货币供应量就越多，反之商业银行信用创造功能越小，全社会的货币供应量就越少。因此，商业银行的信用创造机制处于现代金融的核心地位，商业银行的信用创造扩张，社会融资总量随之扩张，反之则随之缩小。

综上所述，新兴信息技术作为一种信息处理和传输手段，对金融的介入可以极大地改变金融信息采集、处理和传输的效率，但其本身无法构成金融的本质内涵。首先，无论金融科技的形式如何发展，金融的本质永远都是一种信用关系，互联网、移动通信等技术可以改变人们的沟通方式和效率，但改变不了经济活动中经济行为人之间最基本的信任关系。其次，金融科技仍然是以货币信用工具为载体，并通过货币信用工具的交易，在金融市场中发挥作用来实现货币资金使用权的转移，因此，必须接受国家金融制度和货币调控机制的监管和调控。最后，商业银行的信用创造机制作为现代金融的核心这一客观事实也不会因新信息技术的介入而被改变，因为商业银行的信用创造机制不属于金融的技术层面，而是一个金融的基本制度安排，作为一种制度设定，商业银行获得了现代金融体系中创造信用货币这样一个独特的功能，这一功能显然无法由信息技术手段本身自动衍生获得。因此，理解金融科技，需要突出强调金融科技首先是金融的属性，它所改变的仅仅是金融活动实现的技术形式，但其本质内涵并未因此而发生改变，这意味着金融这一经济学概念的特殊规定性和相关范畴仍然适用于金融科技的分析。

二、金融科技的业态

金融科技是传统金融机构与金融科技企业利用新兴信息技术实现资金融通、支付、投资和信息中介服务的新型金融业务模式。国际货币基金组织（IMF）、金融稳定委员会（FSB）与巴塞尔银行监管委员会（BCBS）对其当前业务类型均有界定。IMF把金融科技活动分为支付、存款、贷款、风险管理与理财咨询五类。FSB也将金融科技活动分为五类：支付、清算和结算，存款、贷款和融资，保险，投资管理以及市场服务支持。其中，既包括零售（家庭和中小企业）也包括批发（公司、非银行金融机构和银行间）服务活动。BCBS 则把金融科技活动分为支付结算、存贷款与资本筹集、投资管理、市场设施等不同类型。三大组织的分类范围不尽相同：IMF 的分类不仅包括前台业务，也包括后台业务、监管科技反欺诈、数字货币等内容；而 FSB 与 BCBS 对金融活动的分类大致相同，只不过 FSB 业务范围较宽，包含了保险，而 BCBS 不含保险，原因可能是 BCBS 更侧重于对银行类金融功能的关注，而 FSB 则是关注金融全口径，具体从以下五个方面探讨。

第一，支付结算类。支付结算类主要包括面向个人客户的小额零售类支付服务，如美国的 PayPal、我国的支付宝等，以及针对机构客户的大额批发类支付服务，如跨境支付、外汇兑换等。移动支付、第三方支付发展迅速，但后端仍需仰赖现行支付及清结算系统，因此未能充分取代或对银行体系造成冲击，二者仅为分工互补状态。

第二，存贷款与资本筹集类。存贷款与资本筹集类主要包括 P2P 网络借贷和股权众筹，即融资方通过互联网平台，以债权或股权形式向一定范围内的合格投资者募集小额资金。此类业务主要定位于传统金融服务覆盖不足的个人和小微企业等融资需求，也就是通常所说的长尾客户群，虽然发展较快，参与机构数量众多，但与传统融资业务相比，所占比重仍然较低，更多的是对现有金融体系的补充。

第三，保险类。保险类主要包括产品设计、定价承保、分销渠道、理赔服务等保险业前中后端各个核心业务流程，从用户参与、体验、数据、展业、企业、P2P 保险和共识等各个角度推动对保险行业的商业模式重塑。

第四，投资管理类。投资管理类主要包括智能投资顾问和电子交易服务。运用智能化、自动化系统提供投资理财建议。目前多应用在高度成熟的金融市场，但范围尚属有限，主要在于智能理财。各国监管机关沿用现行资产管理标准，重点关注信息披露、投资者保护等。在国内市场目前这两项业务都是处于银行、证券机构主导的状态，实质上是传统金融培育，服务传统金融的业务模式。

第五，市场设施类。市场设施类既包括客户身份认证、多维数据归集处理等可以跨行业通用的基础技术支持，也包括分布式账本、大数据、云计算等技术基础设施。

综上所述，前四类业务具有较显著的金融属性，一般纳入金融监管；第五类体现出较强的技术属性，通常被界定为金融机构信息外包服务管理，但随着科技与金融的深入融合，其对持牌金融机构的稳健运行将会产生越来越重要的影响。

第三节　金融科技的技术驱动因素

"从技术方面看来，金融科技主要包括区块链、大数据、云计算和人工智能四大技术驱动因素。"① 金融行业依靠这些新技术一方面不断拓展自身行业宽度，另一方面不断挖掘行业发展深度，对金融机构和市场产生了巨大的影响。下面对金融科技的四大技术驱动因素进行简要分析。

一、金融科技的技术驱动因素——区块链

广义的区块链技术，是利用加密链式区块结构来验证与存储数据、利用分布式节点共识算法来生成和更新数据，利用自动化脚本代码（智能合约）来编程和操作数据的一种全新的去中心化基础架构与分布式计算范式；从狭义看，区块链则是一种按照时间顺序将数据区块以链条的方式组合成特定数据结构，并以密码学方式保证的不可篡改和不可伪造的去中心化共享总账，能够安全存储简单的、有先后关系的、能在系统内验证的数据。

区块链本质上是一个去中心化的数据库，同时作为比特币的底层技术，区块链是一系列使用密码学而产生的互相关联的数据块，每一个数据块中都包含了比特币网络交易的信息，用于验证信息的有效性和生成下一个区块。简单而言，区块链就是一种去中心化的分布式共享记账技术，能够使得分散的各方建立起信任关系。如果将比特币比作电子黄金，区块链就是一个公共的账本，每一个区块就是账本上面的一页，当其中任何一个人发生交易时，链上的所有人都会在自己的账本上收到交易信息，并且这些交易信息完全是公开、加密且不可被篡改的，因此，每个人手里面的账本都是最新的交易数据，这样就不需要任何权威的第三方清算机构了。

另外，金融行业发展的基础是信任。为了建立起信任机制，金融在发展过程中催生大量的中心化机构，包括证券公司、第三方支付平台、银行和交易所等。但是，这类中心化机构对金融信息的处理存在时滞，中心化机构的营运也需要花费大量的成本。因此，如何低成本、有效地建立信任关系引起了金融业的广泛关注。

传统经济活动通常依靠中心化方案解决交易或支付问题，即通过某机构或政府信用作背书，将所有价值转移计算放在一个中心服务器（集群）中，所有活动参与者必须信任唯一中心化的人或机构。基于区块链技术的分布式数据库，通过程序化记录、储存、传递、核实、分析信息数据，形成信用机制，相比传统或第三方建立的信用机构，将节省大量人力和交易成本，为经济活动提供安全可信的交易环境。

就证券交易所而言，区块链技术主要用于股票的分类、发行和交易记录，因为区块链上的所有数据都是不可被篡改的，并且区块链中的交易确认和结算同时进行，在交易完成后自动写入分布式账本并更新其他节点对应的分布式账本，自动化的运作机制可以大幅缩

---

①零壹财经·零壹智库.金融科技发展报告.2018版［M］.北京:中国经济出版社,2019:11.

短结算时使用的周期。区块链技术在经济、金融领域的引入将发挥以下优势。

第一，降低信用风险。区块链技术开源、透明的特性，使经济活动参与者能够知晓经济事务规则。在区块链技术下，每个数据节点都可以验证账本内容、构造历史真实性和完整性，这在一定程度上使得经济活动可追责，易于降低系统信任风险。

第二，优化金融机构业务流程。引入区块链技术后，交易被确认的过程即实现了清算、结算和审计的全过程。相比金融机构的传统运行模式，有可能节省大量的人、财、物资源，对优化金融机构业务流程、提高金融机构的竞争力具有重要意义。

第三，驱动新型商业模式的创新发展。区块链技术的引入将突破中心化模式下的传统商业流程，实现大数据下此前难以实现的新的商业模式，对数以万计的用户身份、制度和维护任务进行管理。

第四，促进共享金融和共享经济发展。共享金融的本质是通过减少金融信息的不对称性，实现金融资源优化配置，并通过严格的第三方认证和监督机制，保证交易双方权益的落实，促成交易达成。通过使用区块链技术，金融信息和金融价值能够得到更加严格的保护，实现更加高效、更低成本的流动，从而实现价值和信息的共享。

二、金融科技的技术驱动因素——大数据

大数据指的是大小超出常规的数据库工具获取、存储、管理和分析能力的数据集。

（一）大数据处理的特征与流程

1. 大数据处理的特征

国内学者方巍、郑玉和徐江[1]结合业界对大数据的定义，将其归纳为 Volume、Velocity、Variety、Veracity 和 Value 五个 V，包含了大数据五个方面的特征。

（1）数据体量（Volume）巨大，指收集和分析的数据量非常大，从 TB 级别跃升到 PB 级别（1 PB = 1024 TB，1 TB = 1024 GB），但在实际应用中，很多企业用户把多个数据集放在一起，已经形成了 PB 级的数据量。

（2）处理速度（Velocity）快，需要对数据进行近实时的分析。以视频为例，连续不间断的监控过程中，可能有用的数据仅有一两秒，这一点和传统的数据挖掘技术有着本质的不同。

（3）数据类别（Variety）大。大数据来自多种数据源，数据种类和格式日渐丰富，包含结构化、半结构化和非结构化等多种数据形式，如网络日志、视频、图片、地理位置信息等。

①方巍,郑玉,徐江.大数据:概念、技术及应用研究综述[J].南京信息工程大学学报,2014(5):405.

（4）数据真实性（Veracity）。大数据中的内容与真实世界中的信息息息相关，研究大数据就是从庞大的网络数据中提取出能够解释和预测现实事件的过程。

（5）价值密度低，商业价值（Value）高。通过分析数据可以得出如何抓住机遇及收获价值。

2. 大数据处理的流程

通常而言，大数据处理的流程一般包括四个方面：数据采集、数据存储、数据处理和数据挖掘。

（1）数据采集。数据采集指的是利用多个数据库收集来自客户端的数据。具体而言，大数据的数据源主要包括以下三个方面。第一，各种智能设备中的运行数据。例如，通过企业内置的传感器收集车速、定位等。第二，互联网网页数据。在社交网络、App 应用中的用户数据是分析客户行为、收集客户信息的重要来源，这种类型的互联网数据可以通过网络爬虫或者网站公开接口等方式获取。第三，无线射频识别（RFID）射频数据。RFID 标签安装在云托盘或产品的外包装上面，有助于提高商家清点商品的效率。数据采集环节最重要的就是大数据的真实性，一个是数据源本身的真实性，另一个是数据的仿冒和篡改。后者可以通过交叉检验，即利用多维度数据对真实性和可靠性进行验证，或者通过钩稽比对，即利用多维度数据进行逻辑对应关系检验。

（2）数据存储。大数据的数据来源不同，数据结构也多种多样，对大数据的存储系统提出了更高的兼容性要求。

（3）数据处理。较为常用的大数据存储技术有采用大规模并行处理系统架构的新型数据库集群、基于分布式系统基础架构（Hadoop）技术的拓展和封装以及大数据一体机。

（4）数据挖掘。大数据的数据挖掘是指运用计算机技术，将隐藏在大量数据下的信息和价值进行提取的过程。数据挖掘的技术方法有很多，包括统计分析、决策树、人工神经网络等。

（二）大数据技术的应用及优势

1. 大数据技术的应用

在金融领域，大数据的应用相当广泛，已经深入风控、银行、证券投资、保险等多个领域。

（1）风控领域。银行和部分互联网公司因用户覆盖面广，往往容易积累海量的用户数据，为这些机构通过财富、社交、消费等多个方面的数据为用户建立信用评估报告奠定了良好基础。总体而言，大数据风控具有如下优势。

第一，大数据风控可以实现对企业的动态信用评估。大数据技术能够及时有效地对捕捉到的数据进行分析，当目标对象产生负面行为时，大数据风控可按照预定模型和频率及时对目标对象信用进行调整。银行可以利用大数据建立企业的信用电子档案，及时掌握企业的生产经营情况，提升银行对企业的风险评估和贷款金额。在大数据技术的帮助下，银行可以详细分析和了解用户的资产负债状况、信用程度，可以帮助构建风险控制模型，提高银行的风险控制能力。

第二，运用数学模型构建评价体系。大数据技术根据内部构建的数学模型，通过将采集的数据代入相应模型运算得到用户的信用评分，评分相对客观可靠。很多互联网金融公司利用大数据建立风控模型对用户的信用进行评级，泰然金融便是其中之一。泰然金融的风控模型数据来源主要包括五个方面，分别是用户的基本信息、贷款历史、信用状况、运营商信息以及联系人信息。

一是基本信息。用户的基本信息包括性别、年龄、婚姻状况、学历、出生地、职业和收入水平等。

二是贷款历史。申请人的贷款历史包括用户在银行和非银行机构贷款的信贷历史。如果用户是首次在泰然金融贷款，则主要使用该用户在其他机构的信贷历史，而对在泰然金融续贷的用户，需要将用户在泰然金融的信贷历史加入风控模型丰富用户的信贷信息。

三是信用状况。用户的信用状况包括用户是否被列入了法院失信名单，对于被列入法院失信名单的用户，公司将直接拒绝该用户贷款。用户近 3 个月、6 个月和 12 个月贷款的逾期情况也会被加入风控模型，用户的贷款逾期数据主要来自泰然金融的第三方数据合作伙伴。

四是运营商信息。用户的运营商信息包括通话次数、时长和花费等。

五是联系人信息。用户的联系人信息包括用户向泰然金融申请贷款时填写的第一联系人和第二联系人，若该联系人信息不在该用户通讯录中或者不是该用户的主要联系人，则认为用户提供了虚假的联系人信息，公司会认为该用户是高风险用户。对于真实的联系人信息，通常会将联系人与用户的通话情况、关系程度作为变量纳入风控模型。

为了迭代风控模型，泰然金融也正尝试在模型中加入新的维度对风控模型进行完善。泰然金融也在拓展第三方数据平台以获取更多的数据源。尽管有上百个变量，但最终进入风控模型的数量通常在 20 个左右，它基于数据本身的重要程度、数据的准确度、覆盖度、稳定性以及数据的相关性对数据进行筛选。首先它会对数据的重要程度进行排序，然后确定数据的准确度。对于相关性较强的一些维度，通过判断数据的稳定性和覆盖度进行筛选。为了避免模型中出现多重共线性，需要对共线性变量进行剔除，通常采取方差膨胀因子检验法，剔除方差膨胀因子高的变量。

第三，可以实时出具信用报告，大数据风控通过系统广泛采集目标对象的信用信息，可以做到信用报告直接在线下载打印。

总体而言，大数据能够采集多种多样的海量数据，确保信用报告能够实时动态更新。但是，大数据在征信方面的发展仍然面临一系列挑战。首先，数据质量参差不齐。大数据风控的数据来源非常广泛，数据的质量却屡受怀疑。其次，数据信息存在安全问题，征信机构拥有大量用户的隐私信息，如果出现漏洞导致信息泄露会对征信机构的信誉产生极大影响。

（2）银行领域。银行本身拥有大量的客户基础，具有大量的客户数据，大数据技术可被应用于客户营销、产品创新和运营优化等各个环节。

第一，客户营销方面，银行可以建立大数据平台分析客户的数据，得到客户的消费习惯、消费偏好、消费水平和兴趣爱好等多方面的信息，从而根据这些信息对客户进行画像，并基于此对客户实行精准营销。

第二，产品创新方面，银行拥有大量的用户交易数据，可以通过大数据挖掘用户潜在的需求，开发相关的产品和服务。例如，中信银行的"信e付"，可以全程记录企业交易过程中的企业用户信息、交易信息和资金信息等各方面数据，通过对这些数据的分析和处理，捕捉背后暗藏的价值信息。

第三，运营优化方面，传统银行在对企业进行贷款时，需要进行贷前审查、贷中审查和贷后检查，需要花费大量的时间和人力。当银行使用大数据技术时，可以构建针对用户贷款的评分模型，根据用户自身的信用程度、消费信息、收入水平等自动对申请的贷款进行审批。

（3）证券投资领域。在证券投资领域，大数据主要应用于智能投顾、高频交易和大数据基金等方面。智能投顾是指基于客户的风险偏好和财务状况，利用大数据和量化模型为客户提供投资参考，并根据市场变化对投资策略进行动态调整。

高频交易也是大数据在证券投资领域应用较多的方面，这是一种通过高速计算能力，尽可能利用瞬时数据以及其他信息技术捕捉市场中细微的价格偏离以获利的交易方式。

大数据基金是由一些基金公司通过量化策略和大数据投资方法相结合成立的。大数据基金通过算法筛选出策略因子，设计出投资者满意的量化模型，并挑选大量的投资标的，相较于普通的基金持股20~30只，大数据基金持股普遍上百只，相对分散的股票投资有助于分散系统性风险。同时，利用大数据可以及时更新市场信息，根据市场信息调整选股和模型设计，帮助投资者灵活应对市场变化。

（4）保险领域。随着大数据时代的到来，保险公司可以利用大数据对客户的需求、产品的设计和定价、欺诈的识别进行全面的升级。保险公司可以通过大数据获取客户的消费信息、风险偏好程度、家庭资产等各方面的信息，并且根据客户信息的变化不断进行更新，为客户提供个性化的保单。此外，保险公司可以基于大数据分析，利用过去的欺诈事件建立预测模型，将理赔申请分级处理，在一定程度上可以减少理赔申请欺诈事件的发生。

2. 大数据技术的优势

相较于传统金融，大数据应用于金融领域在运营成本、风险管控和营销方面具有明显的优势。当银行使用大数据技术时，可以通过提前建立的模型对企业的贷款进行审批，节约了银行的运营成本，提高了融资的效率。在风险管控方面，大数据技术可以帮助构建风险控制模型，提高金融机构和企业的风险控制能力。

三、金融科技的技术驱动因素——云计算

云计算通常体现为三种服务交互模式：基础设施即服务（IaaS）、平台即服务（PaaS）和软件即服务（SaaS）。IaaS 是指提供计算能力、网络、存储或者其他基础性计算资源等服务。在 PaaS 模式下，用户可以采用特定编程语句开发的应用程序管理数据。在 SaaS 模式中，用户能够使用服务商在云基础设施上的应用，可以利用终端登录服务门户，使用相关应用程序和系统。

（一）云计算的应用

云计算是一种强大的技术，已经在各个领域广泛应用。以下是云计算的一些主要应用领域。

第一，数据存储和备份。云计算提供了大规模的数据存储解决方案，企业可以将其数据上传到云端，实现安全的备份和数据管理，这消除了传统硬盘存储的需求，减少了数据丢失的风险，并提高了数据可用性。

第二，弹性计算。云计算允许企业根据需要扩展或缩减计算资源，而无须投资于昂贵的硬件，这种弹性计算对于处理季节性或突发性负载非常有用，如电子商务网站的假日销售高峰期。

第三，应用托管和开发。云平台为开发人员提供了托管和部署应用程序的便捷方式。开发人员可以在云平台中构建、测试和部署应用，减少了基础设施管理的工作，从而更专注于应用开发本身。

第四，虚拟桌面。云计算可以提供虚拟桌面解决方案，使员工能够在任何地点和设备上访问其工作桌面，这提高了远程工作的灵活性，使员工能够更轻松地远程办公。

第五，大数据分析。云计算提供了强大的计算能力，有助于分析和处理大规模数据

集。企业可以使用云平台来执行大数据分析任务，以获得有关客户行为、市场趋势和业务洞察的更多信息。

第六，物联网（IoT）。物联网设备产生大量数据，云计算提供了处理和存储这些数据的能力，这对于监测和控制物联网设备以及从中获得实时数据至关重要。

第七，人工智能和机器学习。云计算平台通常与人工智能和机器学习服务集成在一起，这允许开发人员构建和训练人工智能模型，而无须投资于昂贵的硬件基础设施。

第八，在线媒体和内容交付。云计算用于存储和传送大规模的媒体内容，包括音频、视频和图像，这使媒体公司能够以高质量和高效率提供内容给用户。

第九，企业应用集成。云计算可以用于将企业应用程序和服务集成到一个统一的平台上，从而实现数据共享和流畅的业务流程。

第十，安全和合规性。云提供商通常提供先进的安全措施和合规性解决方案，帮助企业确保其数据和操作的安全性，这包括数据加密、访问控制和审计功能。

第十一，教育和研究。学校、大学和研究机构使用云计算来提供在线教育资源，进行研究和数据共享，以及促进跨学科合作。

第十二，医疗保健。云计算在医疗保健领域用于存储和共享患者数据、医疗图像以及医疗保健分析，这提高了医疗保健提供者的效率和协作。

第十三，金融服务。金融机构使用云计算来处理交易、存储客户数据、分析市场趋势以及改进风险管理。

（二）云计算的优势

云计算的迅速发展得益于本身所具有的发展潜力和巨大优势，主要表现在以下两个方面：首先，云计算可以帮助迅速搭建应用，使企业不必购买硬件和组织人员维护应用，可以通过将应用搭建在云上，帮助企业领先一步；其次，云计算可以帮助企业节约建立基础设施的成本。传统习惯部署软件，势必对企业资源造成一定的浪费。

四、金融科技的技术驱动因素——人工智能

人工智能（AI）是研究、开发用于模拟、延伸和扩展人的智能的理论、方法、技术及应用系统的一门新的技术科学。人工智能必须建立在大数据和云计算基础上，是对人的行为的理解，是通过机器的方式去部分增强或模仿人的行为方式，从而帮助企业进行决策。

（一）人工智能的应用

在自然语言识别方面，人工智能可以用于智能客服助理以及对语音数据进行挖掘。例

如，对用户的语音进行识别，掌握客户的需求，根据自身知识库和相应的逻辑运算法则，对客户的需求进行语音回答，解决客户的问题。客户直接向部分智能客服说出服务需求转接至相应的模块，中途节约了客户选择菜单的时间。在语音数据挖掘方面，由于电话银行的通话中包含大量的信息，通过人工智能可以对语音中包含的信息进行识别和收集，为金融机构提供数据支持。

在图像识别方面，人工智能可以通过监控对核心领域进行识别，如集中运营中心、数据中心机房等。此外，在网点柜台内安装摄像头，可以对银行员工进行监控，查看银行员工的行为是否合规，以及时发现可疑行为和交易。

在金融领域，人工智能还有一大用处是金融预测和反欺诈：大规模采用机器学习，导入海量的金融数据，构建模型，使用深度学习技术，发现金融行业中发展的规律，对未来的走势和交易进行预测，并提前做出决策。

（二）人工智能的优势

人工智能在实际应用中具有诸多优势。由于机器不需要休息，可以比人类工作更有效率，并且人工智能的执行由机器的参数决定，一旦参数确定，人工智能的行动就是确定的，出现失误的情况会逐渐减少。因此，在长时间、高质量地完成重复性工作方面，人工智能是近乎完美的选择。

第四节　金融与科技的关系辨析

金融和科技之间的关系在当今世界日益密切，科技已经深刻地改变了金融行业的方方面面，这个关系的演变在数字化金融服务、区块链技术、金融科技公司、金融数据分析、金融安全和监管、金融包容性以及金融创新等方面都有体现。这些领域的变革不仅改善了金融服务的效率和可用性，这为金融市场带来了新的机遇和挑战。以下深入探讨这些关系，并展望金融和科技融合的未来。

第一，数字化金融服务。科技的崛起使金融服务数字化成为可能，这是金融业的一项革命性变革。通过互联网和移动应用，人们可以轻松访问各种金融服务，包括在线银行、支付应用、投资平台等，这种数字化使金融服务更加便捷，降低了传统银行业务的成本。客户无须再排队等待银行办理业务，一切都可以在手机上迅速完成。此外，数字金融服务还为全球各地的人们提供了机会，使他们可以跨越传统金融服务不便的障碍，促进了金融包容性。

第二，区块链技术。区块链技术是金融领域中的另一项创新。它是一种去中心化的分布式账本技术，能够记录和验证交易，而无须中介机构，这一技术正在改变金融领域，特别是在支付和结算方面。它增强了交易的透明性和安全性，减少了欺诈和中介环节。区块链还可以用于数字身份验证，贷款合同和金融市场的监管，进一步改进了金融服务的质量。

第三，金融科技公司。金融科技公司是专门利用技术来提供金融服务的企业。它们利用大数据、人工智能和机器学习等技术来改进风险管理、信贷决策、投资管理等金融领域的服务，这引发了更多创新和竞争，促进了金融市场的发展，这些公司的出现也打破了传统金融机构的垄断地位，为消费者提供了更多选择。

第四，金融数据分析。科技的快速发展提供了更多和更好的数据分析工具，金融机构可以更好地理解市场趋势、客户需求和风险管理。大数据分析和人工智能在金融决策中扮演了重要角色。通过分析海量数据，金融机构可以更准确地识别投资机会、预测市场波动并优化风险管理策略，这有助于提高金融机构的竞争力，并为客户提供更好的投资建议。

第五，金融安全和监管。尽管科技为金融领域带来了众多好处，但也引发了新的挑战，尤其是金融安全和监管方面。网络犯罪和数据泄露威胁金融系统的安全。监管机构需要适应新技术，以确保金融市场的稳定和公平。加强网络安全和数据隐私保护已经成为当务之急。此外，监管机构需要制定新的规章制度，以确保金融科技公司遵守法律法规，防止发生金融不端行为。

第六，金融包容性。科技为那些没有传统银行账户的人提供了金融包容性。通过移动支付和数字货币，许多人可以更容易地融入全球金融体系，这对于那些生活在偏远地区或没有信用记录的人来说尤为重要。数字货币如比特币和以太坊也为全球范围内的跨境交易提供了更多便利。此外，金融科技公司还开展了一些社会项目，旨在帮助那些没有银行账户的人获取金融服务。

第二章
金融科技的多元化内容构建

第一节　金融科技服务行业的重塑

一、支付行业的金融科技

支付行业是金融界最复杂的行业之一，这个行业需要多个参与方协同工作以使支付交易正常运转，这些支付最初是由银行来办理的，主要是支票、汇票或提款单。从前，根据相应的规定，只有支票、汇票或提款单的持票人才能进行支付，最后，款项将转入支票上指定的账户。因此，大部分款项是以现金方式处理的，直到第一张信用卡被引入。此后，多家银行推出了自己的信用卡。与银行业引入信用卡带来的变革类似，金融科技正在通过引入创新的客户体验重塑支付行业。

"从业务和技术角度了解金融科技公司对整个支付生态系统和不同实体的影响至关重要。"[1] 当个人在销售终端（POS 机）刷卡时，支付过程开始，支付生态系统的不同实体开始相互作用。

综上所述，金融科技公司在支付领域的投资最高，其次是财富管理领域。P2P 支付、钱包服务和 POS 解决方案是金融科技所颠覆的领域。除了直接转变支付环境外，还有一些金融科技公司正在颠覆支撑支付业务的相关行业，这些金融科技公司正在颠覆的业务包括新用户引导、了解客户和忠诚度解决方案等。

（一）多通道数字钱包

20 世纪 90 年代末，随着 PayPal 等钱包公司的兴起，钱包革命已经开始，随着移动技术和客户端脚本技术的进步，钱包的革命也愈演愈烈。随着第一代 iPhone 的推出，智能手机等移动设备改变了商业运作的方式。移动设备逐渐成为电子商务交易的首选渠道。大量

---

①阿尔琼瓦德卡尔．金融科技:技术驱动金融服务业变革[M].李庆,王垚,译．北京:机械工业出版社,2019:56.

应用程序应运而生，这些应用程序可以直接使用移动设备来购物。在购买过程结束时，客户使用应用程序付款，应用程序基于客户卡的信息进行结算。此时，支持购物的移动应用程序向支付网关发出请求以执行交易。在此过程中，客户必须输入信用卡的信息，而且客户可能不止一张卡。此外，交易客户每次都必须指定其发货和开票的详细信息。在某些情况下，用户必须提供会员信息，以在购买时获取积分，这些因素导致支付过程对用户来说相当复杂。

简化的版本是消费者将他的所有信用卡/借记卡/银行信息存储在某个应用程序中，然后通过该应用程序支付他所有购买的商品，这种应用程序可以使用单一界面进行支付，以便使用在线或移动渠道进行购买，这种应用程序被称为数字钱包。

移动设备是个人设备，并具有一次性密码、生物识别和应用程序等功能特性。数字钱包应用程序由于这些特性而相对比较安全，可以为客户的支付交易提供保障。随着近场通信（NFC）芯片在移动设备和POS系统中的嵌入，数字钱包达到了新的普及和应用水平。因此，支持NFC的设备可以通过轻松一刷来传送信息，包括支付信息，这改善了支付体验，因为客户现在只需轻轻一点屏幕或将其靠近POS机即可完成支付，这种客户体验远胜于到现金柜台提交自己的卡或现金，然后输入密码或授权码，最后以签字确认结束支付。

此外，数字钱包的普及加上支付方式的转变，催生了许多网络供应商和零售商，如沃尔玛（Walmart）和印度的信实工业（Reliance），推出它们自己的数字钱包解决方案（Walmartpay和JioWallet）。数字钱包行业可分为以下三种类别。

1. 数字钱包

数字钱包①是为在线或使用移动设备进行支付提供的公共接口解决方案。钱包反过来可以存储信用卡、身份、物流和发票信息，甚至可以存储与会员积分相关的信息。在服务器上存储这些信息的钱包被称为服务器端钱包。还有一些钱包将信息存储在客户端设备上，因此不会在服务器上存储特定的信息。客户端钱包比服务器端钱包更受欢迎。不过，钱包功能在不同供应商之间的工作方式大体相同，但不同供应商钱包的普及程度和采用程度不同。以下详细论述容易被人们接受的钱包服务。

（1）独立数字钱包运营商的钱包。独立数字钱包运营商的钱包应用由一些独立的初创公司开发，这些初创公司不隶属任何银行、设备制造商、零售商等。

第一，某些知名钱包的起源是互联网银行，其自身主要提供货币转移服务，随着电子商务的普及，它成为大多数电子商务交易的关键支付机制之一。随后一些钱包设置了P2P

---

①数字钱包是指信息和软件的集合体——软件为事物处理提供安全，信息包括支付信息（比如，信用卡号码和截止日期）和交货信息。

转账服务以及通过借记卡和信用卡转账的业务。

第二，中国电信基础设施推动了其主要电子商务公司引入钱包服务，这些公司已成为大多数电子商务交易的基石。

第三，在印度，世界上移动设备渗透率最高的地区之一，印度政府主导的数字交易已经推出了多个数字钱包，使人们能够通过移动电话进行支付。人们也可以通过手机中的钱包服务对电影、酒店、航班等进行支付。

第四，还有其他移动钱包服务，使客户能够将其信用卡/借记卡等银行卡信息存储到数字钱包中。其中一些钱包类应用将移动设备转换为钱包，从而可以直接通过移动设备进行购买。

（2）银行/信用卡公司推出的钱包。银行/信用卡公司推出的钱包借鉴了独立钱包解决方案的成功模式和数字业务份额增加的经验，促使大多数银行和信用卡公司提供数字钱包解决方案。银行和信用卡公司的数字钱包解决方案通常是其银行卡应用程序的扩展。银行和信用卡公司已经发行了钱包作为一个单独的应用程序，以分离支付和银行功能。在某些情况下，银行和信用卡公司甚至以不同的名字命名钱包来达到宣传的目的，使其成为自己新的品牌形象。独立钱包公司抢走了整个数字支付领域的主要份额，这也是银行推出钱包解决方案的原因之一。一些银行和信用卡公司为了更快地进驻市场并推出支付服务，已经与独立钱包公司合作，提供联合钱包服务。

全球银行提供的钱包服务也可以在 POS 系统中使用。几乎所有钱包都有基于位置的优惠（LBO），这也有助于提高客户忠诚度，这类钱包快速发展的原因之一是它们能使钱包和银行或信用卡账户之间的资金转移更加方便。此外，像现金返还计划等类的营销也很受欢迎。

（3）设备制造商、软件产品公司和集成商推出的钱包。苹果支付（Apple Pay）、安卓支付（Android Pay）、微软支付（Microsoft Pay）、金融中介机构（FIS）、金融结算系统（Finacle）等都是这种钱包服务，这些钱包服务提供商在提供钱包应用程序接口作为其硬件/软件的环节上具有天然的优势，这对消费者和商家都很方便，因为他们不必担心设施、安全和性能问题，这些钱包服务的核心优势是能够在多个设备之间进行快速操作、便于品牌定制和商家/客户委任安排。其中一些钱包服务提供商仅将支付功能限制在自己生产的设备上使用。

（4）零售商推出的钱包。大量数字钱包解决方案正用于电子商务网站的付款流程。电子商务网站可以是如印度的在线旅游公司（Cleartrip）这样的旅游预订网站，或者是像网飞（Netflix）等购买电影的网站。拥有大型实体店的零售商意识到，它们将不得不推出自己的钱包，以提供从购买到付款的一站式购物体验，确保客户的黏性，并直接提供会员福利。此外，零售商还可以根据钱包的使用情况，与不同的信用卡公司协商价格。零售商还可以通过自己的钱包推动订单处理、促销活动和报价生成。

此外，还有一些间接的好处：根据监管条件，从客户在零售柜台付款到商家再向上游供应商付款，他们可以利用大量的流动资金。一些零售商设立了强大的 IT 部门，全面推出钱包服务，这些服务不仅限于其自有商店。此外，一些零售商钱包，例如沃尔玛支付（Walmart Pay）、星巴克（Starbucks）、科尔士（Kohl's）、梅西（Macy's）等推出的钱包，这些钱包的一些特征如下。

第一，这些数字钱包具有先进的功能，消费者可以使用快速响应（QR）码和 POS 终端的移动设备直接扫描并支付物品。一些零售连锁店的应用程序支持客户进行在线购买，然后到店取货，客户到达的时候所购商品就已经准备好了。

第二，它们还可以让客户通过摇动移动设备进行支付，还可以选择支付小费。

第三，药房有关应用程序中的钱包提供处方取药功能，并将其纳入用户忠诚度计划。

第四，这些钱包还可以为在零售超市购买和付款的用户提供特殊方案，这些零售商的钱包服务取得了或多或少的成功。零售商已经明显转变了策略，开发自身的钱包应用，而不是仅仅依靠与数字钱包供应商合作。大多数零售商也可以使用设备制造商或电信供应商提供的钱包在 POS 机上进行支付。

（5）电信运营商推出的钱包。大部分钱包交易是通过移动设备和电信网络完成的，与零售商类似的电信供应商意识到，它们可以通过引入自己的钱包来建立品牌忠诚度、价格预测、活动促销，并有效地利用现有的流动资金。此外，作为钱包的一部分，电信运营商还提供预付卡和移动货币作为交易的替代货币并在整个生态系统中成功扩散。

电信公司提供钱包应用的另一个好处是，可以使用不同的工具来进行数据挖掘，从而理解客户的购买和行为模式，这反过来将帮助它们做有针对性的推广，精准营销植入广告，从而产生更高的转化率和广告收入。

（6）网络货币/比特币钱包、加密货币/比特币钱包。2009 年前后，区块链（一种生成加密货币的算法）促使了比特币的诞生。比特币很快成为网络世界中一种认可度较高的支付货币。超过 10 万的商家和供应商接受比特币作为支付方式。由于比特币作为一种支付工具，相关钱包也开始支持使用比特币的交易。目前有 30 多个公司支持比特币钱包，其中部分发钱包允许个人存储多种数字货币或加密货币，包括比特币、以太币和莱特币等币种，这些钱包还可以储存法定货币，即中央政府发行的货币。

数字钱包也可以根据其范围和会员类型进行分类。三种典型数字钱包分别如下。

第一，封闭式钱包。这些钱包只能由品牌发行商使用，例如零售商发行的一些钱包。它们主要适用于企业对消费者（B2C）场景，并且仅限于该发行商的交易。

第二，半封闭式钱包。它是由相关发行主体（银行/企业）与特定机构和商家合作的数字钱包。由于涉及多个实体，它们的范围更广泛，成员也更广泛。电信供应商与某些商家合作推出的钱包就是半封闭钱包。

第三，由银行、卡公司或公众普遍认可的支付平台发行的开放式钱包。以商业银行和信用卡公司推出的开放式钱包为代表，这些钱包可以在任何商业机构中使用。

2. 钱包的支持应用程序

除了上面所提到的数字钱包之外，还有一些应用程序可以作为使用钱包的支持程序（扩展程序）。有些金融科技公司单独或合作开发了这些支持程序。钱包服务的一些支持程序包括以下诸多方面。

（1）结合数字钱包使用的密码管理工具。通常，钱包中大部分敏感数据与银行/信用卡账户有关。因此，它是与数字钱包一起运行的支持程序。

（2）钱包供应商还可以为其商家提供礼品、忠诚度、POS、数据分析等解决方案，从而实现端到端的服务，这些解决方案可以集成到钱包服务中，也可以作为独立解决方案提供。

（3）通过标准的数字钱包可以进行会员卡和礼品的管理。

（4）一些钱包用于存储有关用户忠诚度的信息，并管理相关优惠和促销政策。

（5）为企业找出最佳报价和交易的程序。它们还拥有存储这些优惠和其他重要数据的功能，有助于钱包提供更好的服务。

（6）一些移动应用程序可以同时查找餐厅、菜单甚至点菜，同时它们拥有自己的数字钱包，可以在点餐后立即付款。

（7）出租车公司提供的一些钱包从信用卡/借记卡转账来预先存储资金，然后使用该卡直接在其应用程序内支付乘车费用，从而让出租车公司使用预先存储的资金，这也是钱包与打车的应用场景相结合的例子。

（8）相关硬件支持移动应用程序模拟实体卡。因此，客户最终通过一张卡来使用所有的会员卡/借记卡/信用卡，并根据需要激活与当前交易相关的卡。

（9）有些钱包有一个类似银行账户的关联电子账户。除了提供数字钱包服务之外，客户还可以用该账户存储和消费。

（10）还有其他一些应用程序不仅是作为钱包，同时也为公司提供一个可以管理来自钱包平台的数据的数据管理平台。

（11）除了钱包应用以外的各种卡的数字化应用，如会员卡、公交卡等。

3. 新用户引导及了解客户程序

激活与引导是客户与金融机构的第一个接触点，如果这一点无法做到让用户满意，那么用户很可能转向其他服务提供商。由于拥有较高的灵活性和构建创新用户体验的能力，金融科技公司能够颠覆传统的激活与引导用户服务。金融科技公司在新的激活与引导用户方案中引入区别于传统方案的功能包括以下三个方面。

（1）引进了一种新的激活方案，它不需要打太多的字，就可以让客户在 4 分钟内完成注册。它使用光学字符识别（OCR）技术从相关证件收集信息和数据。而这种方案的身份（ID）分析使用复杂的分析算法预先计算引导用户过程中所需的数据。

（2）这种激活方案能使用户登录到多个银行产品，并获得满意的用户体验。

（3）还有一种应用程序，用户可以通过观看引导视频学习激活过程，并在人工智能机器人的帮助下收集和更正信息。

因此，一些金融科技公司现在也被称为监管科技公司，它们起到了数据整合和监督的作用，并确保以有效的方式收集与法规遵从性相关的信息，这些初创企业还使用 OCR 技术从个人执照、护照或相关文件中提取信息。一些金融科技公司甚至从税务文件中获取用户信息。

（二）POS 系统

零售商现在使用的 POS 系统通常位于商店出口附近或商店某一特定区域的末端，这些 POS 系统是固定的。而新的设计理念正在兴起，它们把 POS 系统终端设定在平板电脑或电话里，顾客可以直接在上面完成付费，这有助于客户在购物时获得"随时随地付费"的体验。金融科技公司能够使客户在购物时无缝付款，这越来越受到人们的关注。在某些情况下，它们将在物联网的帮助下，进一步消除支付接口。金融科技公司变革 POS 系统的不同方式主要从以下三个方面探讨。

第一，来自金融科技公司的 POS 系统正在帮助企业重塑在线购物体验。金融科技公司通过使用 iPad 改变购物体验，使客户的选择多样化。其中一些金融科技公司还在其办公室内创建了展厅，展示其如何改变整体购物体验。它们有高级的分析引擎作为 POS 系统的一部分来生成和提供报告。POS 类金融科技公司还在多个国家进行收购，以扩大其在全球的业务范围。

第二，一些 POS 类金融科技公司正在促进与支付集成有关的在线电子商务交易，甚至实体商店也有类似的 iPad 解决方案。还有其他的 POS 解决方案提供商也在 POS 系统终端推出了支持蓝牙的信用卡读卡器，方便用户消费。

第三，针对餐厅的创新，POS 解决方案已与金融科技公司的应用程序集成，这些应用程序不仅可以帮助用户找到在该程序中注册的餐厅，而且可以将客户的订单与账单链接，进一步便捷交易，这时客户可以直接使用应用程序中的钱包功能支付账单。因此，与餐厅

POS 系统集成的钱包可以间接地为商家和用户提供便利。

二、贷款行业的金融科技

借贷是货币市场和银行最主要的功能之一。金融服务业的贷方由投资公司和私人投资者组成。潜在客户在需要大量资金时寻求这些贷方的帮助，这通常被称为正式贷款。另外，还有一种形式的贷款，是朋友和家人之间的小额贷款，通常是短期贷款，这种贷款发生在紧急情况、危急情况以及借款人知道自己因多种原因无法联系到银行等贷方的情况下（原因可能是缺乏审核资料、缺乏借贷能力或其他），这种家庭和朋友之间的 P2P 借贷是最常见的，被称为非正式贷款。

（一）贷款的分类

贷款行业可分为正式贷款和非正式贷款。正式和非正式贷款可进一步分类，具体如下。

1. 正式贷款

正式贷款是贷款人和借款人签订正式协议，在指定期限内借出一定金额的贷款的类型。借款人保证在约定期限结束时，将初始金额连同指定的利息一起返还给贷款人。贷款人可以享有动产或不动产的留置权，也可以基于借款人按承诺归还贷款而不对财产享有留置权。在一些第三世界国家，贷款普遍不支持流动资产，在极端情况下，甚至可能不支持个人的留置权。更严谨的市场对于正式贷款可进一步分类如下：①贷款给个人客户；②贷款给商业公司；③政府贷款；④贷款给金融机构。还有其他复杂的贷款机制，包括由贷款人组成的财团向商业集团贷款，但为了简单起见，我们将把贷款类型的讨论限制在上述四种类型。

正式贷款的流程和相关的软件系统随着时间的推移而发展。贷款软件系统的每一个改进都确保在个人层面上实施欺诈的可能性变得更小。此外，为了更好地对用户征信，软件系统进行了一次彻底的变革，这次变革后的不良资产（NPA），也就是借款人可能违约的总金额能被更好地预测。然而，较低的不良资产准备金率使利率得以下降。利率通常是通过估计贷款人产生的成本（包括资金成本）来计算的。较低的不良资产意味着更少的违约准备金，这也意味着更少的资金成本，从而最终降低利率。因此，借款人拖欠还款的次数越多，贷款人下次收取的利率就会越高。

此外，在一些国家，国家补贴和贷款违约的发生增加了正规经济中贷款人的资金成本。从按时还款客户的角度来看，这种情况是因为在经历了一个辛苦的还贷过程之后，他们没有从较低的利率中获益。反之，尽管他们自己按时还款，他们会因为别人的错误行为而受到惩罚。

2. 非正式贷款

非正式贷款先于正式贷款出现。非正式贷款通常是小额资金交易，但此类交易的频率或次数远高于其他任何形式的贷款，这种贷款也被称为 P2P 贷款。朋友、家人、熟人等之间的借贷属于此类借贷。通过准政府机构、非政府组织（NGO）提供的贷款有时也可归类为非正式贷款。商业社区之间为向其成员提供营运资金援助的社区贷款也可以称为非正式贷款。此外，为帮助克服困难的商业条件而向其他商人提供的贷款也可以称为非正式贷款。

例如，店主允许顾客赊销物品，并在规定的期限前偿还，也是一种非正式贷款，这是国家最常见的新兴贷款形式之一。通过 P2P 贷款平台、社区贷款平台和其他多种类型的贷款平台，金融科技公司在很大程度上转变了非正式贷款。通过其平台，金融科技公司现在能够提供一个更具组织性的借贷机制，从而为非正式借贷行业建立了透明度。此外，金融科技还涉足 POS 贷款领域，这种类型的贷款在非正规贷款市场中更具代表性。

（二）金融科技涉足贷款业务

贷款业务也与信贷市场密切相关，甚至有时可以代表相同的意思。信贷市场也有正式和非正式之分。通常有两种类型的信贷系统：开放式和封闭式信贷。在开放式信贷中，信贷具有循环性，即每月可借入并须在指定期限后偿还。封闭式信贷是一种分期偿还一定数额借款的信贷。当分期付款的每期还款金额相同且按月偿还时，这些分期付款可称为等额月分期付款（EMI）。客户会持续支付利息，直到所借的原始借款（也称为本金）被偿还。

信用卡上的未偿金额是开放式信贷，住房、汽车贷款等属于封闭式信贷。信贷可以有多种变化。需要特别提到的是信贷补贴，即政府或机构以较低的利率或较宽松的还款期限提供信贷。另外，还有一种信贷形式，即人们从一个月的薪水转到下一个月的薪水，以循环的方式来弥补支出和薪水之间的差距，这叫作"发薪日贷款"。因此，人们可以保单为抵押借款，有时还可以退休账户为抵押借款。此外，还有一种抵押形式，通常是老年人使用的，称为反向抵押贷款。在这种抵押中，一个人以其个人财产为抵押进行贷款，取得一笔固定的年金，在贷款期限结束时将财产所有权转让给贷款人来结算。

整个贷款业务还可以按照抵押类型来分类，抵押可以为借款提供保障。如果一个人以无担保的方式借款并返还该金额，则称为无担保债务。然而，如果贷款是以动产或不动产为抵押，则称为担保债务。实际中的债务和贷款术语的定义更为复杂，但我们这里仅局限于以上贷款形式。

金融科技业务颠覆的贷款业务主要集中在以下六种类型。

1. P2P 借贷

P2P 借贷，即点对点借贷，是一种由个人之间直接进行的贷款交易形式。其中，涉及的金额和付款条件由贷款人和借款人共同商定，它是社会上最为广泛应用的借贷方式之一。P2P 借贷的兴起原因如下：①为了取悦有影响力的人；②以帮助有需要的个体；③满足购买高价商品的需求；④通过此渠道获取回报；⑤其他原因。

在 P2P 借贷中，贷款人通常能够获得比传统正式贷款系统更多的利润，因此这种贷款类型备受欢迎。P2P 借贷是通过非正式渠道进行的，通常不受正式贷款领域内的任何特定贷款机构的影响。贷款所产生的利息通常受多种因素的影响，包括借款原因、偿还期限以及潜在风险等。贷款人在设定利率时会考虑多个因素：①借款原因及其重要性；②借款人偿还金额所需的时间；③借款人违约的潜在风险。因此，利率经常发生变化，有时甚至可能是正式贷款利率的数倍。在某些国家，将 P2P 借贷纳入非正式贷款的范畴是非法的。

尽管 P2P 借贷听起来可能令人担忧，但它仍然非常受欢迎，因为它提供了及时的资金支持。借款方和贷款方的信誉在 P2P 借贷中至关重要。交易的对方信誉通常通过与贷款方和借款方都有密切关系的中介人来了解。此外，通过口碑信息收集也会影响借款人的信用评级，以及借款人在还款后贷款人将抵押资产归还的信誉。在某些情况下，贷款人在向借款人提供财务援助之前，会对抵押资产（如黄金、房地产等）进行实地核查。对于非正式信贷款项的追索通常是双方以现金方式进行的。在借款人遇到资金困难或不情愿偿还时，贷款人有时会采取暴力手段来追讨贷款，这种行为被视为不道德的威胁行为。人道主义观点反对 P2P 借贷，认为经济状况较差的借款人很难偿还债务。

对于借款人而言，所有这些因素使 P2P 借贷成为一个复杂、个体依赖性强和费用较高的平台。因此，通常情况下，只有在借款人已经用尽正式贷款途径（并被拒绝贷款）的情况下，才会被迫使用 P2P 借贷。有些情况下，涉及的金额较小，大型金融机构不愿涉足此类小额交易，因此借款人选择 P2P 借贷。尽管 P2P 借贷存在缺点，但它仍然备受欢迎，原因如下：①能够及时提供贷款；②审批过程通常迅速，大部分情况下具有即时性；③由于贷款人通常了解借款人（通过中介人），取消了了解客户（KYC）、激活等传统借款前提条件；④付款方式灵活；⑤利率灵活；⑥收费、贷款期限、等额分期付款账户（EMI）等决策取决于具体情况，通常能在一天内完成。

另外，许多初创企业和金融科技公司推出了 P2P 借贷平台，这些平台融合了非正式 P2P 借贷的灵活性和正式贷款的透明度与信任度，提供多种功能，主要包括：①验证贷款人和借款人身份；②进行信用评级；③借助计算机算法协助贷款人和借款人达成最佳交易；④根据具体情况确定利息支付条款；⑤允许直接在线支付，并在某些情况下，允许直接借记；⑥提供市场供借款人和贷款人；⑦对借款人进行信用检查；⑧在某些情况下，如果借款人违约，也可以保护贷款人的利益；⑨提供易于操作的资产抵押接口；⑩不同类型的贷款设定不同的利率。此外，还将探讨 P2P 借贷平台如何通过技术的应用将灵活性、信任度和透明度相结合，从而颠覆传统借贷领域。其中一些平台还引入了创新的 P2P 借贷方式，并取得了成功。

大多数 P2P 借贷金融科技公司创建了一个在线市场，借款人和贷款人可以发布有关其贷款要求的详细信息。然后，P2P 借贷平台的参与者可以根据网站上发布的信息决定是否参与借贷。潜在的贷款人可以根据利率、贷款等级、借款金额和用途来选择合适的借款人。整个流程始于借款人申请贷款。借款人只有在满足一定的信用评分要求时才能申请贷款，他们会在平台上发布贷款需求，贷款者可以浏览所有借款需求。平台通过系统验证流程验证借款人的手续。一旦借款人获得批准，资金可在很短的时间内到账。然后，借款人在约定的天数后开始偿还贷款，偿还金额包括本金和事先双方约定的利息。例如，在一些 P2P 借贷平台上，资金以先到先得的方式获得。个人投资的资金按市场利率分配给多个借款人。因此，同一个贷款人可以向多个借款人提供贷款，同时一个借款人可以向多个贷款人借款。每个贷款者的资金通常被分成许多部分。然后，根据自身信用、可承受能力、收入情况和信贷历史等各种标准，将借款人按不同的风险等级分类。每次借款人偿还贷款时，平台都会从支付的 EMI 中将每月的本金和利息转到贷款人账户中。因此，贷方账户中的资金不断累积，然后投资于其他信贷项目。从贷款人的角度来看，他们的目标是在特定期限内以满意的利率进行投资。因此，该平台会以约定的利率对金额进行再投资。

又如，一些 P2P 借贷平台尝试通过拍卖投资者的贷款来进行盈利。根据贷款金额、提供的利息、借款人评级以及过去的历史记录，贷款人将参与拍卖过程。拍卖有助于借款人和贷款人确定最佳贷款协议条款，这种机制在为双方提供最佳利率方面非常有效。参与拍卖的借款人或贷款人违约的可能性相对较高，这是此类贷款的一个不利因素。由于需要在拍卖过程中协商贷款条款，通常需要一段时间，贷款人和借款人才能商定适当的条款。因此，由于流程的复杂性，许多 P2P 借贷平台已将拍卖贷款转移到其他平台。例如，一些平台提供个人贷款，并在管理贷款的同时提供财务咨询，它们甚至进行现场审核及验证，并向平台推荐借款人。还有一些特许经营的线下 P2P 借贷平台也开始流行起来。这些平台通过线下渠道提供贷款。有些平台是线上线下同时运营，这些平台与线下贷款服务公司合作，提供线下贷款，并像之前介绍的平台一样具有相应的贷款保护机制。另外，还有一些平台采用消费者对企业（C2B）的运营模式。这些平台识别值得投资的项目和业务，并相应地通过在平台上进行投资的贷款人为企业提供贷款。与参与企业债务的投资者不同，这种商业模式实际上是颠倒过来的，企业通过使用这些平台来吸引投资者的参与。对投资者来说，这些平台提供了另一种投资机会。同样，这些平台大多在预测贷款账目、现金流量表等方面也非常透明。

再如，P2P借贷平台通过从小额零售贷款机构筹集资金，为小企业和企业家提供贷款，这些平台提供了一个在线交易市场，帮助贷款人进行小额投资。这些平台是一种在线平台，贷款者可以在平台上贷出小部分的钱，但这些小资金却最终汇集成一个巨大的资金池，再借给借款人以获得可观的回报。小企业的老板和企业家是市场上主要的借款方。在将资金交给企业之前，投资者会检查企业的信用状况、财务报表、贷款原因和预期的贷款回报。其中一些平台在向其提供贷款之前会对业务进行详尽的调查，并要求其业务已经运行了一定的时间，已有收入产生，有望很快实现盈利。这些平台以非常透明的方式给所有借款人评级，同时向投资者提供其他信息，以便他们能够据此正确地评估风险和回报。其中一些P2P借贷平台已经获得银行牌照并成为一家正式的银行，而另一些则明确表示它们不是银行，这些P2P借贷公司背后的基本原则是调节借款人和贷款人之间的供需，这是金融科技与传统金融业最大的不同。这也表明金融科技公司正在将透明度和信用引入金融服务行业。这些平台除了促成贷款外，还帮助拥有良好信用评分的借款人获得更优惠的利率。

在P2P借贷领域，借款人违约的风险相对较高，这也是P2P借贷平台关键绩效指标的重要组成部分。因此，为了保护贷款者的利益不受借款人违约的影响，一些金融科技公司推出了基金或债券。如果借款人违约，这些基金或债券将弥补投资者的损失。因此，贷款人可以不受违约风险的影响。大多数P2P借贷平台在根据借款人所处的风险类别决定利率之前，就已经开始根据多个其他标准对借款人进行评级。因此，贷款定价算法已成为整个系统的关键因素，贷款方在开始发放贷款之前必须同意系统规定的条款。一些平台通过向借款人或贷款人其中一方收取管理费用来盈利，而其他一些平台则同时向两者收取费用，但与传统银行相比，这些平台收取的费用相对较低。此外，这些平台允许小到几美元，大到数百万美元的贷款，这些贷款根据实际情况由个人放贷者或大型投资/贷款公司提供。每次借款人偿还贷款时，这些平台都会自动扣除服务费，数量为借款人支付的款项扣除应付EMI和利息，这两项会记入贷款人的账户。因此，贷款人账户中的资金不断累积，然后再投资于其他信贷项目。如前所述，大量的P2P贷款公司正在将其贷款转换为可在一级和二级市场交易的金融工具，从而为自己和投资者创造额外的收入来源。

大多数P2P借贷公司在它们的网站上维护着各自完整的贷款数据库，这些数据库可通过网站请求进行分析。与大型银行不同，金融科技公司所展示的透明度水平完全不同，通常大型银行不允许对其贷款账簿做这种审查，这些P2P贷款公司通过在贷款人和借款人之间保持足够的透明度，以及仅收取较低的手续费来挑战传统银行，这与大型的银行或贷款机构大不相同。除了这些 P2P 贷款机构，还有一些数据分析平台生态系统，可以帮助分析有关客户的大量详细信息，如信用分数、收入、工作、家庭、地址、电话号码、社交网络，以及购买、信贷以及交易记录等信息，这些平台可以帮助构建借款人和贷款人的档案，以便投资者可以查看和根据需要更改借款人和贷款人的档案。这些平台还通过不同层次的知识和实际能力来进行分类，从而提供透明和均衡的市场，为投资者和借款人提供了完全新的投资机会。它们还通过在线和移动平台提供了便捷的借款和投资工具。

2. POS 贷款

POS 贷款作为一种正式的贷款方式普遍存在于大多数成熟的市场中，而在其他的市场中，此类贷款通常以非正式、临时的和间接的形式存在。在大多数情况下，这种非正式贷款发生于一个人在零售商销售点想贷款来支付自己购买的商品时。例如，在某些情况下，因为客户是借方，且没有太多的替代选择，所以谈判筹码很少，零售商有时就会根据自己的意愿在提供 POS 贷款时对顾客所购买的商品额外收费。所有这些安排都是非正式的，且取决于客户和零售商之间的关系。

在超市这种营业实体出现时，只有那些持有的现金足够维持一个月消费量的顾客才会光顾超市。如果一个月的消费量或者需求超过了现金量，他们仍然会选择在邻近的商店用短期信贷购买商品。大型零售商店的老板意识到，由于不提供信贷服务，他们的业务和顾客都在流失。因此，他们很快引入了一种可以在购物时刷信用卡的信贷工具。顾客用信用卡支付的贷款可以在 21 天内偿还，同时店主可以在 3~4 天收到货款，这在人们意识到对信用卡的使用和管理逐渐失控之前一直是一种很好的解决方案。此外，信用卡公司不为购买个别物品提供贷款，而是基于整个信用卡尾款提供贷款，或者是为必须申请单独个人贷款的顾客提供贷款。

由于 POS 贷款剥削问题和争议的激化，多国政府对这类贷款进行了合规和监管的检查，有些国家甚至宣布这种做法是非法的。所有这些都导致授权发行的 POS 贷款业务变少，包括监管合规在内的管理成本导致这类贷款的整体利率上升。不同公司提供的用户体验差异很大，很少有公司在提供贷款和管理账户报表方面采用专业的做法。在此期间，出现了多家电子商务公司。紧接着，很大一部分实体购物向网上购物转移。虽然网上购物简化了购买过程，但是 POS 贷款仍然处于缺失状态，仅有信用卡可以提供贷款，但利率很高，贷款资格也取决于信用评分。而且，这类贷款更多地被视为个人贷款，与所购买的商品或所购物的商店没有任何关系。因此，着眼于潜在的机会，金融科技公司开始规范 POS 贷款的流程。在金融科技公司改变 POS 贷款的同时，POS 系统的技术颠覆也在改变着客户在收银台前的用户体验。早期的 POS 系统通常被放置在商店的出口，会有一大群顾客排队等待结账，在终端上操作的服务员在现金、信用卡、优惠券和会员卡等选择之间来回操作，这些系统中的某些操作很难实现，如删除已扫描的项目或撤销任何已结算的购买。近年来，POS 系统发生了根本变化。其中很大一部分变成了在网上完成，极大地改善了在线客户的体验。在一些商店里，顾客可以选择一件商品，通过用手机扫描商品码，当场完成结算和付款，这样，他就不需要排队结账了。

POS 技术也发生了重大转变。现在的 POS 系统是可移动的，因为它们使用的是 SIM 卡（无线连接），而不是像以前那样使用有线连接。一些 POS 系统会通过手机号码，将账单和付款确认信息直接发送到个人的手机或电子邮件系统。该软件通常也托管在云平台上，从而简化了零售市场的加载升级和基础架构要求，这些系统还直接连接到电子商务方案中，从而使个人可以通过网站订购商品。顾客可以亲自挑选商品，然后在商店的 POS 终端机付款。一些大型零售商和电子商务巨头想要改变收银台排队结账的体验。在这个模式中，顾客只需要点击手机终端登录到实体店，从货架上拿起商品，然后走出去。该商店中基于传感器和机器学习的软件能够识别顾客所挑选的商品，并将其列在顾客的移动应用程序中。一旦选好了商品，客户就可以通过移动设备结算并付款，而无须经过实体收银台。

零售商现在拥有自己的钱包服务，这使整个销售终端系统处理变得更加简单和直接。现在客户也不需要用这个电子钱包之外的一张卡来进行付款。目前市场上销售得最好的 POS 机也为其产品提供 7×24 小时的支持系统。大多数 POS 系统有电子学习课程和培训，以教会用户管理自己的系统。

POS 系统行业中发生的另一个趋势是商家开始提供店内体验。有一些系统可以帮助我们使用自助服务机或移动设备筛选商品，从而方便客户更快地结账。销售人员已经被提升为一种顾问的角色，他帮助客户挑选商品，同时帮助他们在那里自行完成结账，这种类型的销售减少了客户筛选商品和排队等候的时间。

此外，金融科技公司推出的 POS 借贷平台的一些主要特点是：①它们在促进购买的同时，除了支持支付，还积极参与用户的购买决策；②大量的 POS 借贷平台通过使用标准信用评分或专有信用评分机制，对融资请求进行即时处理；③尽管进行了信用评分检查，大多数贷款平台并不会在检查时修改信用评分，这与成熟的银行或信用卡公司不同；④大多数 POS 借贷平台通常会收取非常少的费用，它们的主要收入来源是因用户违约而收取的滞纳金以及商户和信用卡公司的佣金；⑤所有的 POS 借贷平台在还款条款上都很灵活，并对延迟还款收取额外利息和滞纳金。

在使用这些贷款平台的过程中，用户先是通过网站订购，然后使用这些金融科技公司提供的支付平台发起支付，这些平台在进行了充分的信用检查后，向商家支付账单，然后向用户发送月度或季度账单。用户可以决定使用信用卡/借记卡、银行支票等支付账单。

用户延迟付款，将会影响其信用评分。此外，平台会对延迟付款的客户收取利息，并提供使用借记卡还款的便利。这种使用借记卡进行支付的机制允许它们向信用卡公司支付更低的佣金，但是向商户收取不变的费用。这些金融科技公司会向客户和商户双方收取信贷服务费用。一些平台使用政府发行的身份认证来执行即时 KYC，这些金融科技公司提供的一个有趣的功能是，作为 POS 贷款的一部分，客户可以选择分期还款。因此，它们提供了完整的端到端的支付和借贷体验转换。消费者会得到安全感，因为他不需要提供任何信用卡/借记卡信息。此外，只有在货物被接收的情况下，他们才需要付款，而且他们可以将所有购买的货物的账合并到每月一次的账单中。虽然客户按月支付账单，但是这些金融科技公司在客户购买商品后就立即把钱款支付给商户。因此，从商人的角度来看，这也是一个双赢的局面，因为立即支付给商户有助于保持现金流的运转，特别是对小企业主而言，更为显著。

此外，金融科技不仅改变了零售消费贷款，还改变了人们购买机票和医疗等更昂贵商品的方式。针对个人的医疗保健和度假需求，有多种贷款模式可供选择。金融科技公司通过参与个人决策以实现人们梦想的假期旅行，然后为整个旅程提供资金，从而颠覆了标准的贷款模式。这样，消费者就可以在实际出行之前，通过相等的分期付款来偿还购票和住宿的费用。利用这些金融科技公司提供的平台，消费者可以确定自己的理想目的地，并通过旅游网站搜索，找到适合度假的预订组合，然后，他将搜索结果发送到金融科技平台。平台根据某种确定的标准判断个人的资格和信誉，然后为他们的假期提供资金，并向假期环节的有关实体发放款项。用户可以在实际付款之前确定这些平台的付款条件。因此，用户可以决定要支付的初始款项、分期付款的数量等。在是否批准为个人用户提供资金之前，一些平台会进行信用评分检查，而另一些则不会。金融科技平台通常向客户收取一定的费用，并对与其合作的航空公司和酒店等收取佣金。

3. 在线贷款（B2B/B2C）

数字渠道彻底改变了整个在线借贷领域。与大多数 P2P 贷款不同（P2P 贷款只是一个方便投资者直接向借款者放贷的市场），在线贷款使用自己的资金向企业或消费者放贷。根据监管要求，几乎所有在线贷款机构都有自己的财务或融资部门，这些贷款机构运用数字技术来提供、处理和批准贷款。

此外，金融科技公司的网站提供了一份报价清单，列出了可能的最佳还款条件。根据个人提供的搜索标准，这些网站提供多种固定利率和可调利率的选择。由于金融科技公司鼓励透明公开，它们会区分那些有小字印刷或贷款霸王条款选项与那些明确表述条款的选项。大多数这些金融科技公司所提供的用户体验也极具变革性，它们可以让用户搜索不同的贷款选项。除了聚合和显示多个选项外，一些金融科技公司通常就是贷款人本身，或者它们与一家已成立的贷款机构/公司有合作关系。因此，它们能够提供无缝的用户体验，让用户从不同的可用选项中做出选择，然后完成整个贷款流程，最终向用户发放贷款。一些金融科技公司可以在一分钟内显示所有选项，而整个贷款流程可以在一个小时之内完成。因此，过去需要数周/数月的时间完成的贷款流程，而且被认为是一个人贷款生涯中的一个重要事件，现在则只需不到一个小时就能完成。

除了贷款给有工资的人或有一定收入来源的人，金融科技公司还贷款给学生，这些金融科技公司正在改变潜在的数十亿美元的学生贷款行业，预计该行业还将进一步增长。它们用不同的方式做这件事，把一个人看作一个个体，而不是一个简单的"信用评分"，这使它们在学生和投资者群体中广受青睐。一些金融科技公司帮助学生规划职业生涯，并成为他们找工作的指路明灯。如果任何一家大银行都这么做，那我们可以想象它们所要做出的巨大改变。它们将不得不从改变客户经理的行事方法开始，并可能以实施一系列技术变革结束。因此，金融科技公司是"为我们（客户）着想"，而不是为自己赚更多的钱，这些金融科技公司促进了不同方式的学生贷款，超越了学生当前的需求，着眼于未来的发展。

因此，这些金融科技公司用自己的专有算法来评估一个人的就业、教育和财务状况，从而使他们能够向尽管信用状况良好但在信用机构中没有良好信用评分的学生和专业人士提供贷款，这些平台充分利用数据分析和数据科学，能够评估个人在还款能力方面的潜在风险。

金融科技公司还通过专有算法和参数来确定学生的信用，从而颠覆了商业模式。根据它们的评估结果，它们以较低的利率向信用良好的学生提供贷款，这些金融科技公司不仅提供贷款，还帮助学生成为社区的一部分，而这个社区提供社交机会、职业支持、举办晚宴和许多其他活动，雇主可以在这些活动中雇用潜在的求职者。

4. 发薪日贷款

发薪日贷款是一种无担保的小额贷款，还款期限很短，还款金额通常从个人下一次的工资中扣除。人们主要会用这些贷款来履行财务承诺，如支付汽车保险等。个人因财务承诺申请发薪日贷款通常没有足够的现金可用，但有一个固定的日期履行承诺。如果个人能用贷款来支付眼前的经济需要，那么他将有信心从他的下一次工资中偿还同样数额的钱。发薪日贷款的放款人通常在大多数情况下将钱借给有工作的人，并预计能够让其用下一次薪水偿还。

在传统的贷款过程中，借款人向发薪日贷款人申请贷款服务，就能获得一笔现金作为发薪日贷款。作为回报，客户给贷方一张远期支票。在确定的日期和时间（通常为一个月之后）借款人偿还贷款并从贷款人那里取回支票。但是，如果借款人不能及时偿还贷款，贷款人就会把支票兑现，然后追着借款人索要利息。在数字时代，借款人通过在线渠道申请贷款也是如此，贷款人会将上述金额存入借款人的账户。在到期日，借款人的账户将借记相当于借款金额或预先确定的分期付款金额的款项。根据高级分析师的一项研究发现，发薪日贷款的借款人平均每年有约半年时间处于负债状态。低收入和无银行存款的人通常用发薪日贷款来支付他们的生活费用，传统贷款机构收取的利率通常很高，可能为 30%～50% 的年利率（APR）。一些特定的国家有法规来限制向低收入者和无银行存款的人收取的利息范围，但往往是非正式代理人使这种贷款变得昂贵，进而致使低收入人群更加贫穷。

虽然大多数发薪日贷款的利率可能看起来非常高，但发薪日贷款机构的平均利润率低于传统贷款领域的参与者。利润减少可以归因于整个贷款业务的高运营成本和高违约率。较高的运营成本也是因为涉及多个参与人。虽然典当行和信用合作社已经尝试为大多数发薪日贷款的借款者提供新的途径，但成效喜忧参半。一些大银行和金融机构尝试通过手机短信等多种渠道，开展发薪日贷款的业务，但迫于监管压力，它们已经缩减了业务。美国一家大型银行也提供不同版本的发薪日贷款服务，这项服务的工作原理与高利率的发薪日贷款基本相同。

除了信用合作社，全球还有一些金融科技公司想要通过不同的方法来改变发薪日贷款领域的现状。发薪日贷款的借款人和贷款人都在积极使用前文所描述的 P2P 借贷平台。此外，发薪日贷款的整个流程已经变得更简单，任何人都可以很方便地成为贷款人。由于专有的人工智能驱动算法提高了贷款人的可靠性，降低了违约率，总体运营成本也有所下降，这使大多数贷款公司能够收取更低的利率，从而使整个业务对多数利益相关者更具有吸引力。

通过大量的发薪日贷款，金融科技公司正在通过以下内容替代商业模式颠覆整个贷款行业。

（1）由于发薪日贷款的对象是那些在下次领到工资前没有足够的钱用来处理财务突发事件的人，因此传统的信用评分机制对确定个人信用价值并没有多大帮助。因此，许多金融科技公司建立了自己的专有风险评估平台，通过分析过去违约客户的档案，并据此评估申请人（借款人）违约的可能性。通过传统的信用评分机制和社交媒体的输入来丰富客户信息，分析客户的概况，这些金融科技公司使用可供处理的数据来预测借款人的还款能力。一些金融科技公司已经能够在它们的平台上达到 90% 的守约率，甚至在金融危机最严重的时候，它们的还款率也是最高的。由于违约率较低，这些金融科技公司甚至能够在贷款申请增加的情况下实现盈利。

（2）这些金融科技公司的目标人群中，有很大一部分是精通技术的年轻专业人士，他们有薪水，并且有良好的偿还能力，这些人早些时候从银行借钱，他们的信用卡也没有足够的可用资金。其借款的主要目的是偿还意外的账单或度过财务危机。

（3）其他一些金融科技公司正在使用机器学习算法为千禧一代的客户提供担保。由于千禧一代的客户没有良好的信用评分，传统的借贷体系不会认为他们有资格获得贷款，这些平台是为信用良好的发薪日贷款的借款人建立的，如今已发展成为信用评级的标准之一。金融科技公司通过应用程序接口（API）让其他人可以在其借贷系统中使用这些平台。因此，这些金融科技公司取得了巨大的成功，它们在全球范围内与银行和金融服务机构合作，为借款者提供信用评分，特别是为那些没有传统借贷体系的信用评分但还款能力较强的短期借款者提供信用评分。

（4）还有一些金融科技公司正在采用的另一种商业模式是，允许任何人向它们借钱，只要此人在雇主那里有一个支票账户，而工资一般在月底支付。借款者可在月底实际还款前提取当月应计收入，以应付短期紧急情况。整个过程类似于所有的发薪日贷款，这种机制不需要任何信用审查，也不需要复杂的机器学习算法来评估借款人的还款能力。由于工资账户可以让贷款人自动取款，违约的概率也非常低。一些金融科技公司不收取任何贷款费用，而是通过自愿捐款或支付小费的方式，让这种模式变得更加有趣。因为这对工薪阶层有很大帮助，所以他们非常愿意为这样的服务捐款或支付小费。

5. 小额信贷

小额信贷初创企业正把没有银行账户的人也纳入了金融体系，从而增强金融包容性。在小额信贷公司出现之前，低收入人群通常会从放债人那里获得贷款，然后任由放债人决定利率和收款频率。小额信贷公司所做的不同之处在于，它们有一个标准的放贷流程，而且它们只愿意借出一定数量的贷款，从而确保了较低的违约率。一些小额信贷公司会根据借款者的还款能力增加贷款金额。

此外，大多数国家的小额信贷机构是私人机构，它们的融资通常被认为是高风险的债务融资，因此，大型金融机构不愿意向小额信贷机构投入大量资金。有些公司充当中间人，其创造的金融产品可为小额信贷机构提供资金。创造的这些金融产品极具创意，它可以通过严格的审计且具有风险管理功能，能够降低高风险债务的风险权重，从而使小额信贷机构能够向无银行账户但信用良好的客户提供贷款，从而增加了对高风险债务的包容度。

6. 众筹

在众筹中，许多投资者或贷款人为已经实施或将要实施的项目提供资金。同样，在众筹领域，不同的投资者和贷款群体对众筹的贡献金额和预期结果也不尽相同。众筹与捐赠也有着密切的关系，但捐赠的唯一结果是带来了情感上的满足，而在众筹中，除了目标实现带来的情感上的满足外，还有物质上的收获。如果我们不是为捐赠活动进行的众筹，那么众筹将用在以下事业：①股权融资；②为开发创新产品提供资金；③为研究项目提供资金；④情感原因引起的资助。

综上所述，众筹最常见的原因是前两条。众筹主要是由对企业问题或开发新产品满足社会需求感兴趣的贡献者驱动的。事实上，大多数金融科技公司本身就是众筹的一大捐助者。鼓励拥有创新精神或对新产品发布感兴趣的人，开始为相应的项目做出贡献。一些贡献者参与众筹的原因之一是，做一些开创性的事情会让人拥有成就感。众筹也被广泛用于资助出版商、艺术家及艺术品。本书的选题将围绕众筹平台不同的运营模式和商业模式展开，而不是讨论众筹的原因。在一些众筹平台上，一件艺术品/创作作品的出版税也会被分享给所有投资者。

众筹平台通常会对收到的全部资金收取佣金，或者对投资者的成功交易收取服务费。众筹会帮助投资者，因为众筹平台收取的交易费用非常低，而且这些平台可以帮助各个投资者轻松找到合适的机会，这些平台只用投入少量资金，就能面向更大的受众。因此，它帮助小投资者投资于通常只有风险投资家和基金公司等大投资者才能获得的机会。众筹平台除了为寻求资金的人提供融资便利外，还通过与投资者接触，获得他们对项目或产品的早期反馈，以征求他们的意见。在某些情况下，产品生产者可以通过发现对用户至关重要的功能而获益。

三、财富管理行业的金融科技

财富管理行业已经成为继借贷行业和支付行业之后的第三大行业，金融科技对该行业的影响较大。金融科技对财富管理行业的颠覆都是围绕着通常由投资银行履行的财务管理和财富咨询的职能展开的。此外，金融科技公司还和监管科技公司（RegTech）合作，以遵从法规的要求。监管科技公司也是技术初创企业，致力于满足不同行业的相关法规的要求。尽管一些大型银行也开始与监管科技公司合作，但由于它们整体庞大的技术架构，整合监管科技公司的相关产品对它们来说是一个挑战。因此，金融科技公司以其低廉的收费、较少的初始投资和数字化的接口，使广大中产阶级加入财富管理行业中。因此，下文论述一些颠覆了财富管理行业的金融科技公司，尽管这些金融科技公司颠覆的很大一部分是围绕着智能顾问和财务规划展开的。受金融科技影响的业务功能主要包括以下三个方面。

（一）财务咨询

传统的投资银行通常针对高净值个人（HNI）提供财务咨询，而在美国，个人所需的最低投资金额通常为几千美元或更高。全球中产阶级的财富不断增长，金融素养渠道的多样性，尤其包括互联网，促进了新一代投资者的显著增加。金融科技公司能够利用这一增长趋势，通过数字渠道提供财务咨询和规划，而不同于传统投行通过面对面接触来吸引投资者，这些工具的魅力在于它们能够协助管理长期财务目标。典型工薪阶层个体通常会制定从月度到年度的财务规划，但若要设计一项覆盖多年的长期目标规划，通常需要专业工具，这种工具必须具备灵活性，以便投资者能够根据生活变化不断更新其财务状况和目标。此外，金融科技公司通过在线渠道能够将运营成本维持在相对较低水平，因此会员费和维护费用也较为合理。

例如，某些金融科技公司综合数字工具与个人建议，以协助个人进行财务规划，并为注册用户提供有针对性的理财建议。注册后，根据用户提供的财务信息，平台为用户分配一个得分，该得分影响用户在实现目标时所面临的财务依赖性和潜在风险。此平台还支持设定财务目标，提供专门建议以优化这些目标，并跟踪实现这些目标所需的步骤。所有这些平台都提供了一个仪表板，用户可在其中查看其财务行为对得分的影响，以及跟踪目标的进度。通过数字化工具和定期个人理财建议，用户能够评估是否需要继续采用相同的理财策略，或者是否需要进行调整和改变。一些公司还将游戏元素纳入其产品组合，以吸引年轻投资者，使其平台相对于仅提供理财建议的平台更具吸引力。因此，金融科技公司正在通过数字化和游戏化改变提供财务咨询和规划的方式。

同时，部分金融科技公司通过提供抵押贷款管理咨询，彻底改革数字化财务咨询领域。帮助人们管理其抵押贷款的这一创意思路非常有前瞻性。全球有很多国家处于负债状况，它们寻求数字解决方案来有效管理各种抵押贷款。此外，一些有收入来源的人没有以正确的方式偿还债务，缺乏金融素养使本已复杂的问题越发混乱，这些金融科技公司通常采用私人顾问算法，设计抵押贷款解决方案，以帮助客户理解应如何处理抵押贷款。此外，它们还提供电话或面对面理财建议的选择。由于这些金融科技公司利用数字平台提供建议，因此其费用相对较低。通过 API 接口，这些平台还使其他应用程序开发人员能够使用其功能，将其整合到自己的应用程序中。另一些金融科技公司正在彻底改变普通人的财务管理方式，这些金融科技公司将其平台构建成在线应用程序和移动应用程序，使财务规划成为一种自助服务，这些平台的最大创新之处在于，它们能够将个人的所有财务账户关联在一起，并实时监控这些账户，包括支票账户、退休账户等。一些金融科技公司通过提供试用版或免费应用程序版本，能够为人们提供免费的财务咨询。财务顾问通过观察个人的投资状况来提供相应的投资组合建议。在付费版本中，它们不仅提供建议，还协助管理个性化投资组合。与大型投资公司相比，它们的费用相对较低，通常为0.5%~1%。此外，这些公司还提供各种工具和应用程序，帮助人们计算退休金并管理日常预算，这些平台通过数字化整合个人财务数据，并为管理个人财务目标、财务状况和投资规划提供实时分析和建议。对于中等收入个体来说，如何应对投资组合中的税务影响常常令人困扰，这些金融科技公司采用多种工具分析税务影响，然后为个人提供新的投资组合建议，旨在最大限度减少总体税务负担。

（二）自动化投资

在财富管理领域，自动化投资通常被描述为智能顾问。智能顾问是一种自动化投资服务，由智能顾问平台或使用算法来管理客户投资的服务机构提供。根据自动化水平的不同，智能顾问平台可以分为多种类型，典型的包括：①完全自动化；②半自动化；③混合型；④极简自动化。与传统财务顾问相比，智能顾问具有多个优势，最显著的是降低总体交易成本。自动化操作通过机器算法有助于显著减少财富管理公司的费用。此外，这些平台提供用户友好的界面，吸引了年轻和科技擅长的投资者采用这种自动化方式。在大多数智能顾问平台上，一旦用户确定了其风险承受能力并将其支出与预算关联，机器算法会根据提供的信息选择适当的股票，并根据需要调整资产组合和股票交易。对于那些没有足够时间来挑选股票和管理投资组合的个人，智能顾问平台是一个理想的选择，这些个人通常是中高收入的工薪阶层，尽管他们明白如果将资金投入股市而不是政府债券，可以获得更高的回报，但缺乏时间做出投资选择。研究显示，许多高净值投资者的投资组合是由智能顾问管理的，这些因素以及各类投资者的参与度提高都促进了智能顾问管理的总资产增加。在过去几年中，来自智能顾问的投资份额大幅增加。大多数智能顾问平台通常在牛市期间推出，因此获得了相当不错的回报，但它们也需要在低迷市场中证明其价值。

智能顾问公司存在多种不同的形式，根据实现的自动化水平不同。大多数智能顾问提供完全自动化解决方案或混合人工和智能咨询方案。接下来我们将讨论一些平台以及它们采用的多种自动化方案和财务咨询模型。许多智能顾问平台采用基于目标的投资技术实现自动化投资。它们通常将个人的目标细分为不同部分，如退休金、应急资金、孩子教育和大额支出等。根据建议，每个目标都有建议的最低和最高股票分配、预期期限以及一些现金支出假设。个人投资者可以根据自己的偏好（激进或保守）调整这些配置。一旦用户确定，他们基本上可以让自己的投资自动化，直到需要调整。平台还会监视投资组合，并持续优化，以确保个人的计划在正轨上，承担的风险适中。整个过程都是自动化的，投资组合会在积累阶段中逐渐从年轻时的高股票比例调整到退休时的低股票比例，这些平台允许个人以低至 1 美元的资金开始他们的投资组合，并在节省税款方面提供有效的支持。

例如，有些平台按照账户余额的一定比例收取年费，并且不收取其他费用，如交易费和转账费。不同的金融科技公司采用不同的费用模式，有些公司在特定时间内提供免费投资组合管理，而其他公司则在特定管理金额内提供免费服务。还有一些公司根据资产管理规模提供一定比例的免费服务。有些公司将多种条件结合，提供免费的咨询服务，这些费用实际上只占大型投资银行理财顾问提供类似服务的一小部分。如果个人能够介绍一定数量的客户给平台，那么这些平台可以为他们的投资组合提供一定数量的免费管理。

传统的理财顾问（无论是个人还是公司）通常通过佣金或从销售给客户的产品中获取利润。因此，他们更可能关注满足自己的兴趣和目标，而不是客户的兴趣和目标，这可能导致他们更愿意向对他们有利的客户推销产品，尽管这些产品对客户可能并不是最佳选择。财务咨询的主要目标应该是帮助客户实现更好的财务状况，但现实是相反的。顾问通常从他们推荐的产品中获取佣金，因此倾向于销售佣金最高的产品。反之，如果平台或个人理财顾问仅通过管理客户的投资组合来获得费用，那么他们自然而然会更关注如何为客户创造更多的价值。最理想的情况是，理财顾问提供无私的咨询服务，不收取任何费用，也不从产品销售中获取佣金。因此，一些金融科技公司引入了一种模式，将服务分为基本服务和高级服务。金融科技公司声称提供的大部分服务是免费的，但他们提供个性化服务需要付费。虽然有一些费用与此相关，但他们承诺不会强迫客户购买任何服务。他们通过了解个人的投资偏好，构建推荐的投资组合，实施自动化投资流程，监视基金账户和投资偏好的变化，定期调整投资组合。个人可以低至 1 美元的资金启动这些服务。

大型投资公司如富达投资有限公司和嘉信理财为其智能顾问提供了不同的名称，如富达 Go 和嘉信智能顾问，这些智能顾问专注于构建自动化投资组合。一些自动化投资平台还提供混合模式，允许客户与专业人员面对面或通过电话交流以获取建议，同时也可以选择使用智能顾问。此外，一些财务规划和咨询平台也提供智能顾问服务。

（三）社会责任投资

社会责任投资（SRI）是一种投资理念，这种投资理念认为公司利益和社会利益可以共存。社会利益的概念通常包括三个方面：环境、社会正义和公司治理。这种投资可以分为两种方式：①仅使用自动化和机器学习方法判断投资选项以实现社会利益最大化；②采取更具社会互动性的积极方式，包括影响力投资、股东活动或社区投资等。

社会责任投资历史悠久，但在近年来才成为社会关注的焦点问题。随着对环境、社会和自我治理等问题的关注，以及互联网上有关企业社会责任、非政府组织行为和政府行为等信息的披露，投资界很大一部分资金会投资于涉及社会责任领域的基金。

在大多数国家中，一些公司、非政府组织、政府和其他机构，如铁路和保险公司等有大量资金用于社会事业，这些机构投入社会事业的资金能够帮助它们获得税收减免。许多人逐渐意识到这些问题，并希望这些公司能够将资金投资于社会事业，且主动承担起一定责任。

社会责任投资有多种实现方式，包括从证券产品的投资组合中剔除不具有社会责任的公司的股票，只保留具有社会责任的公司的股票。大多数基金公司还采取了另一种机制，就是剔除违反社会责任投资原则的证券和投资组合，例如，将投资到烟草公司的资金撤出。目前社会投资的主要趋势之一是影响力投资，人们将目标锁定于投资承担社会责任的公司或基金，并监控它们的表现。因此，通过社会变革获得更高的财务回报被认为比纯粹的慈善活动更加有效。另一个正在崛起的投资主题是直接向负责缓解社区福利分配压力的公司投资，这种类型的投资也被称为社区投资。

另外，有部分平台已经进入社会责任投资行业，这些平台除了提供传统的智能顾问业务之外，还对公司所支持（或在一定程度上支持）的社会事业进行排序，也对不能匹配特定投资者价值观的公司进行排序。随后提供能产生高额财务回报并符合投资者价值观的产品，从而保证投资者只对符合个人价值观的公司进行投资，并以此推动社会变革。这些平台需要将投资金额降到最低并只收取微薄的管理资产年费，与大多数类似的财务顾问和投资管理公司相比，通常收费需低于其他公司收取的费用（2%）。投资这些公司的个人，需要明确其主要关注的社会价值，这些平台主要处理的事项包括：①不对直接造成健康问题的公司进行投资，如烟草和酒精；②对支持正确社会事业的公司进行投资；③不对开采不可再生能源的公司进行投资；④不对持续毁林或者进行森林砍伐的企业投资；⑤对鼓励女性参加工作的企业进行投资；⑥对支持消除贫困和失业的公司进行投资；⑦放弃以任何形式鼓励或支持暴力的公司；⑧放弃不符合碳排放标准造成环境污染等多种问题的公司。据此，多元化和透明化的投资组合建立在投资者关注的社会价值上。平台拥有一个仪表板来跟踪和监视个人投资组合的进展，以及投资组合是如何帮助整个社会事业的。此外，平台使投资者的意见得到各个公司管理层的讨论，从而使投资者直接参与社会变革。

四、保险业金融科技

保险可分为两大类，即人寿保险与非人寿保险，这两种保险的主要区别在于其所涵盖的保障期。通常情况下，人寿保险的保障期相对较长，通常为数十年。相比之下，非人寿保险的保障期较为短暂，通常为数天至近一年不等。尽管这两种保险都需要定期支付保费，但根据保险合同的规定，人寿保险的有效期更为长久。定期缴纳保费是确保保单有效性的关键措施。对于非人寿保险而言，保单必须根据合同规定的时间间隔进行更新。此外，人寿保险和非人寿保险在保费和赔偿计算方式上也存在显著区别，从财务角度看，管理人寿保险与非人寿保险涉及不同的运营成本。通常情况下，管理人寿保单的成本较低，而非人寿保单的管理成本则相对较高。

人寿与养老保险的范围包括各种人寿保险和养老保险类型，通常医疗保险也被纳入人寿保险的范畴。而非人寿保险则包括多种不同类型的保险，通常可以根据统计数据、国家和地区的差异进行分类。一般而言，非人寿保险的类型包括汽车保险、海上保险、旅游保险、财产和意外伤害保险，以及企业保险等。在非人寿保险的范畴中，主要提供的保险类型包括汽车保险、财产和意外伤害保险。

保险行业的运作原理是通过共同分担风险的方式，假定只有少数人会在特定期限内提出索赔。因此，保证资金池的有效运作对于保险行业至关重要。同时，建立索赔人和保险公司之间的信任关系至关重要，以确保合理索赔得以及时支付。在早期阶段，尤其是在工业革命时期，保险行业非常简单，由同一行业的人们共同出资汇集资金。只有在参与投保的人遭受规定范围内的风险时，才能提出索赔。通常情况下，必须征得大多数出资人的同意才能进行索赔处理。然而，19—20世纪，一些国家要求这些中立实体必须进行注册并加入保险公司的行列。大多数保险公司由其创始人拥有，其主要目的是帮助创始人实现盈利。

在特定日期，保险公司的盈利可表示为：盈利＝在特定日期之前收取的保费＋已收取保费的投资收益－在特定日期之前已支付的索赔和运营成本，这导致许多保险公司可能通过拒绝索赔或收取过高的保费，甚至采取一些自利措施来获得额外收益，这对保险行业的可信度产生了负面影响。

为了恢复对保险行业的信任，各国政府陆续出台了保险业监管政策。监管的核心内容包括发起人需要集中初始资金作为起始资本池，监管机构规定了注册所需的最低资本要求。此外，政策也对大多数保险公司的整体投资结构进行了限制。例如，保险公司只能将其总资产的5%投资于股市。监管机构还提供了针对每家保险公司的赔付率的研究，赔付率指的是赔付金额与保费收入的比例。赔付率逐渐成为判断保险公司实际业绩的重要指标，这有助于确保大多数保险公司能够有效地履行索赔，从而减少保险公司和投保者之间的利益冲突。

然而，监管政策的实施也带来了一些副作用，这些政策增加了保险业务流程的烦琐程度，使整个行业过于注重政策合规，而忽视了客户需求。此外，尽管保险行业的相关政策在不断完善，但保险公司的信息技术（IT）系统看似拼凑而成，缺乏灵活性。因此，近年来涌现出了保险业初创企业和金融科技公司（也称为保险科技公司），这些公司以透明、高效、快速响应、人性化和成本效益等特点为用户提供个性化的资产和财产保险，使用户能够根据实际需要定制保险项目。金融科技公司还提供了整合来自不同保险供应商的信息的服务，使客户能够在一个平台上轻松比较各种可选产品，并做出明智的选择。数字技术使客户可以在线或通过手机应用程序申请或取消保单，同时一些金融科技公司通过提供端到端的接口，如初级卫生保健服务，改变了整个健康保险行业的格局，这些创新对于满足客户不断变化的需求、提高行业效率，以及增强保险行业的可信度都具有重要意义。

（一）通过 P2P 保险业务开创合作保险新时代

保险业务的财务运作可分为以下五个方面：①基本资金来源于发起人和投保者的保费；②假定只有一定比例的成员面临风险并提出索赔；③公司在赔付后将未使用的资金投资于各类金融工具、动产和不动产，但监管机构限制了投资工具和投资比率；④公司会收取一定的交易费用，用于运营成本；⑤剩余的资金被视为公司的利润。因此，保险公司可能拖延赔付或提高交易费用以增加利润。交易费用通常是竞争驱动的，不会单方面提高，政府可以要求按行业标准收费。因此，保险公司可能会拖延索赔以获得更多资金用于投资和利润。

例如，一些金融科技公司试图通过解决保险公司和投保者之间的利益冲突来改造保险业，这种冲突主要是因为，如果保险公司及时支付索赔，可用于投资的资金减少，利润也会降低。因此，保险公司会推迟支付索赔以实现最大化利润。有趣的是，一些金融科技公司试图消除这种利益冲突，自称为公益公司，其主要目标是为人们谋取利益以实现整体收益最大化。客户可以通过手机应用程序访问这些公司的平台，将具有相同投保需求的客户聚集在一起并汇总资金。平台会收取一定比例的资金，用于日常管理和运营费用。赔付后，剩余资金将平均分配给客户，确保平台不会为了盈利而拒绝索赔，这些公司不会保留任何盈余，其唯一收入来源是为维护这一规则收取的费用。此外，为增强人们对整个保险业的信任，这些公司通常在投保项目结束后以公益形式回馈社会，客户可以选择回馈的方式，这一理念颠覆性强，有利于社会公益，这些公司通常是数字化企业，通过网站、手机应用程序和聊天机器人提供保险服务，降低成本，实现共赢。

此外，金融科技公司通过数字模型和交易费用实现了 P2P 保险的有效运作，借助数字化、云服务和人工智能等技术，降低成本，提高透明度。保险行业还有多种 P2P 保险业务模式。保险经纪人模式是最常见的 P2P 保险模式之一。在这种模式中，投保客户形成小团体，将一部分保费投入资金池。剩余保费通常用于购买定期保险，轻微损失从资金池中支付，重大损失则从定期保险中支付。年末时，剩余资金退还客户或用于来年投资。如果赔付超过了资金池的可用资金，可以使用定期保险资金。授权成员通常协商赔付过程，但可用信息有限。授权成员或第三方机构评估赔付造成的损失，及时提供援助，便捷了参保成员。另一个常用的模式是保险经纪人模型的变体，与保险经纪人模型相似，具有相同保险需求的用户形成团队，汇总资金形成资金池。一些公司也进行再保险以处理超出团队能力的索赔，收取服务费，不从保费中获得任何收益，确保公司和客户没有利益冲突，降低保费。

金融科技公司通过汇集具有相同需求和风险的用户，提供投保优惠，奖励无风险行为，建立团队行为模式，实现低保费策略。一些金融科技公司已经推出了 P2P 保险服务，用户分组，一部分保费投入资金池，资金池主要用于支付小额索赔。未提出索赔的可用资金按比例返还成员，发生索赔时，返还的资金减少。如果成员相互了解或是朋友，效果更好，因为朋友不太可能欺骗或提出微不足道的索赔。朋友可以一起投保，降低保费。另一部分金融科技公司推出 P2P 汽车保险，通过汇集客户资金，降低保费，将未赔付的资金返还客户。用户可以邀请家人和朋友加入，建立特定群组的资金池，这种模式通过社交媒体软件进行邀请，用户可以在组内讨论、协商投保决策，未加入的家人和朋友也会被纳入最密切关系的群组，以提供保险服务。

（二）"按需保险"——仅在需要时购买

"按需保险"正在转变保险业务的运作方式。到目前为止，人们还是习惯于购买固定期限的保险。非人寿保险期限通常为一年，而人寿保险的期限较长，可达 60 年，甚至是终身保险。保险公司为了更方便地统计保险信息，通常会提供固定期限的保单。因此，业务和运营流程的保险年限会被人为干预，以配合统计数据的设定。同时随着时间的推移，由于传统保险业缺乏有效创新，技术系统和业务流程也愈加烦琐。哪怕细微转变都需要付出高昂的技术系统升级成本。同时转变是一个耗时的过程，它还需要转变人们的文化习惯。众多金融科技公司在新时代技术的助推下，以灵活及精简的投保设置，充分体现新型保险的创新和快速转型等优势。首先，它们为用户提供了一个多渠道的数字化用户界面。其次，这些公司的业务流程可根据特定的需求进行构建，以应对快速变化的业务动态，从而对市场需求做出快速响应。最后，利用自动化和人工智能技术，最大限度地避免人为干预。因此，金融科技公司利用敏捷、灵活和创新的优势，为客户提供"按需保险"的业务模式，来替代传统保险业务，以满足不同用户的需求。在这种典型的"按需保险"中，投保不再限制为终身保险，而是根据用户具体的需求，自行设定保险期限，这和旅行保险有些类似，但它独有的优点是即时生效。为实现这一目标，需要建立能迅速响应的保险系统，客户提出所需保险类型和投保时间后，系统应即时生成保险报价，这种即时生效的创新被戏称为保险业的"Uber 化"。可以相信在未来的日子里，人们将更愿意选择这种类型的保险服务，其他类型的保险可能会遭受重大冲击。如果还是难以理解这种模式，我们就以车辆保险为例。当人们有出行计划时，可以当即购买车辆保险，保险的期限就是车主、车主的家人或是某位驾驶员从出发地到目的地的这段时间。如果驾驶者一年只开三个月的车，那么按照以往的模式购买一年期限的车辆保险就不划算了，而在新模式下他可以只支付那三个月的保费。在传统保险制度下，这名驾驶员需要支付全年保费，基本上和那些天天开车的用户交一样多的钱，这将意味着强制要求前者购买固定期限的保单，因此存在过度收费来补贴后者的嫌疑。

"按需保险"能够有效地避免这种现象的发生。用户只在需要时购买保险，通过手机等现代化设备就可以轻松完成。用户可以随时随地在移动设备上操作，就可以执行保单的启动和终止。虽然这些内容在用户界面上看起来比较简单，但真正具有挑战性的是后端处理系统的高度灵活性，即在接收到用户的实时保险请求后，尽可能地实现即时响应。在传统保险体系内，要实现这一目标几乎是不可能的，而大多数金融科技公司会重新构建系统，对它们而言，使用当下的工具和产品实现这种目标的配置会更加容易。传统保险公司除了要面临技术挑战，还需要面对的另一难题就是对承保风险和保费的计算，这主要是因为"按需保险"的历史数据有限，保费的计算受多种因素的影响，如用户的请求时间、个人行为等。传统保险公司很难在特定的时间内，为具有特定风险的项目确定保费金额。金融科技公司独创性地解决了这一难题，通过从社交行为和设备传感器中获取用户信息。同时这些公司还使用人工智能和机器学习等高新技术，从而可以分析从社交媒体和物联网设备中传输来的数据。因此，将这些技术应用于收集各种用户数据时，能够得出驾驶员行为习惯、要求保险的时间、投保者的社交偏好等多个结论。因此，这些金融科技公司能够改变传统保险业务流程，并可以满足顾客的需求。在本节中我们讨论的一些金融科技公司，已经或多或少地利用这些技术，实现了按需即时保险。

（三）运用按需咨询降低医疗保险的索赔

在传统医疗保险范式下，个体需每年支付规定的保费以获取医疗保险，而医疗索赔则依据住院、手术等医疗事件的发生，由保险公司与个体分担医疗费用的一定比例。典型的情况是，个体承担医疗费用的30%，余下的费用由保险公司承担，即便医疗咨询以及可能的后续咨询也包含在内。此外，预约医生咨询通常需要等待数周，甚至需要不便的旅途，这种等待可能导致疾病恶化，促使患者采取危险治疗措施，或者盲目信从流传的非正规疗法，进一步危害患者健康，从而导致各方利益的丧失。鉴于疾病可能出现急症情况，患者须多次咨询，因而个体需要承担昂贵的费用。随着病情加重，医院需要提供更多治疗支持，最终保险公司支付了大部分医疗费用。若患者能及时获得医疗咨询，可避免这些问题。

例如，部分远程医疗公司正革新传统医疗保健模式，提供保险公司创新医疗解决方案。传统模式下，未能见效的病情通常首先接受常规诊断治疗。当然，个体也可选择额外支出以直接接受紧急治疗，不论是自费还是走保险途径。然而，对于普通非紧急患者，在提交远程医疗请求后通常需要 2～3 天才能获得咨询的预约。在这段时间内，病情可能急速发展。传统医疗效率较低的根本原因在于专业医师有限，且这些专业医师通常分布有限，离患者较远。在这种情况下，金融科技公司的远程医疗平台通过移动应用程序以视频通话的形式，直接联系专家医师，为众多城市提供全天候 7×24 小时医疗支持，且能够立即连线在线医师。应用程序向患者收取一定费用，用以支付预约医师的费用，此部分费用可以通过保险进行全额或部分补偿。该平台保障全天候医疗服务，以满足危机护理需求。提供远程医疗服务的医生均通过资格认证。一旦预约医师，患者可获得直接的诊断或治疗。医生可开出药方，提供服药指南或后续治疗建议，根据患者具体情况，医生可能建议面对面就医。整个过程经由安全接口完成，以保护用户隐私，病历仅供用户查看。一些平台还提供多方视频功能，可进行视频会议，涵盖患者、医生、专家、医护人员，甚至翻译人员。患者可根据需求在线预约危机护理治疗。

此外，用户可预约医生为其提供后续诊断。平台内的医生可通过移动设备获得患者的基本信息，包括病史、疾病持续时间和危机护理需求。通过 API 和网络服务，这些远程医疗平台整合了患者在不同医院、不同医生处接受治疗的信息。该平台有助于建立医生与患者之间的联系，并确保及时提供帮助。远程医疗保险通过预防疾病的恶化来降低索赔金额，促进整个保险行业的发展。

再者，还有其他金融科技公司正在改变传统医疗保险的运营模式。远程医疗应用程序通过视频通话提供治疗，尽管无法保证每次患者都能连线同一医生以进行二次会诊。一些金融科技公司通过组建医生团队来解决这个问题，该团队专门回答患者的咨询，提供全天候 7×24 小时服务。虽然不同医生可能为患者提供不同的诊疗建议，但至少这些医生来自同一团队，而且他们的医疗建议都会在团队内发布，这种方式建立了患者与医生团队之间的联系，使整个团队能够共同服务患者。患者可以在应用程序中创建个人医疗档案，详细描述自己的症状和病史。医生可以通过电子邮件、短信、照片、电话、视频等方式与患者实时保持联系，并根据患者的病情和紧急程度选择合适的通信方式。医生与患者的联系时间取决于疾病的性质，从几天到几个月，甚至直至患者病情好转。平台上的医生都是全职医生，具备执业医师资格，具备相关疾病治疗资格。若医生不能确切治疗，将优先建议患者面对面就医，有时需进行体格检查。不过，在通常情况下，检查结果和成像信息可上传至应用程序，医生可据此进行诊断。

需要注意的是，医生与患者需保持紧密联系以提供康复建议。若当地缺乏专业医生，患者需进行远程在线治疗，尤其对于疾病严重者需要专家会诊。金融科技公司致力于确保专家了解患者的情况，会在专家团队内公布会诊报告。对于需要大型手术的患者，定期保险才生效。尽管媒介与大多数远程医疗相似，但这些金融科技公司提供更密切的医疗服务。患者更关注与医生的紧密联系，为了提供有效的健康咨询，首要的是建立患者对医生的信任，这些平台提供按月计费服务，用户可通过数字媒体咨询医生健康问题。一些金融科技公司提供的数据显示，使用远程医疗平台可显著减少就医时间，较传统保险公司提供的服务，就医或咨询医生时间可节省近三分之一。

（四）有效采用新的客户参与方式

在传统保险业中，客户会参与报价销售、保单服务和索赔管理业务等环节。金融科技公司通过灵活高效的运作方式，针对上述业务过程进行改进，具体从以下三个方面探讨。

1. 报价销售

报价销售是客户在保险公司注册后，与公司的第一次业务交流，通常是在客户提供了详细的个人信息（姓名、年龄、性别等基本信息）后进行的。依据这些信息，保险公司会为用户推荐一系列保险产品，并给出相应的报价。如果顾客看好某些保险产品，并接受保险公司提供的报价、受益方式和服务标准，那么就可以支付保单和购买相关的保险产品。当客户购买了保险服务后，保险公司接收用户的付款和相关文件，并将保单发给顾客。众多金融科技公司借鉴了一些知名保险公司的产品，进而变革了整个报价销售体系。

2. 保单服务

一旦客户签订了保单，平台就需要向用户提供一系列保单服务，诸如更新客户的个人信息、提醒客户按时缴纳保费、提供保费支付的平台，以及用户能够随时按需变更保单条款的权利。所有这些统称为售后服务管理。也就是说，保单服务应包含所有售后服务管理功能。在保单服务部门，金融科技公司运用社交媒体和聊天机器人改变了传统的保单服务业务模式。以下列举了金融科技公司对传统保单服务业务模式的变革。

（1）开发了保险应用程序，为个人的保单服务需求提供了一站式购买途径。这些金融科技公司的应用程序用户界面体验非常友好，用户可以随时提出索赔、修改保费金额、变更地址和其他用户基本信息。这些应用程序除了为用户提供完善的保单服务外，还能够基于客户所持的保单提供个性化指导，并根据个人需求不断地完善保单内容，同时，它还能够就如何优化用户保险范畴提出建议。

（2）为小规模投保提供平台。人们可以使用投保应用程序，每个月制订并管理个人投保计划。由于平台满足了小规模投保用户的需求，因此需要有效地衡量不同业务类型的风险，甚至需要明确数字业务风险的索赔方案。一些金融科技公司会单独建立一个部门处理索赔事项。而另一些金融科技公司另辟蹊径，将所有公司的保单整合到一起，为用户提供更加完善的服务，这些公司会利用最先进的技术，改善保单服务的整体体验。除此之外，还有一些技术初创公司，可以提供方便部署的保单服务解决方案。

3. 索赔管理

索赔管理决定了保险公司的成败，是客户参与保险业务最重要的环节。绝大多数的传统保险公司，在这一流程中往往不能使客户满意。一旦被保险人遭遇风险，索赔流程随即开始。索赔环节需要公司提供有关文件和细则信息。在通过了相关索赔条件的验证后，索赔申请得到认证。

传统保险公司的索赔流程是一个耗时的过程，因为需要各实体间相互协调配合来验证索赔。实体主要包括保险鉴定人、保险承销商和保险提供商等。在这一过程中各实体相互配合，完成验证索赔和量化索赔的工作，防止出现用户欺诈行为，并且通常是靠手工完成的。虽然从保险公司的角度来看，这是必备的环节，但在客户看来，在索赔结算之前还需要等待几周甚至几个月的时间，效率太低。通过利用现代数字技术，金融科技公司已经降低了索赔过程所需的时间。索赔检验的过程包括保险事故鉴定、校准等环节，已经从原来的几周、几个月缩短到几天即可完成，这些公司广泛地使用人工智能和数据分析技术，缩短了索赔流程的时间。实际上，所有的金融科技公司为了提高索赔处理业务的效率，都在索赔结算方面做出了一定程度的创新。

（五）运用科技重塑保险业

目前，用户、保险鉴定员和保险代理商都可以便捷地使用数字技术和设备。借助于这些设备和自助在线工具，用户能更好地了解和比较不同的保险项目，从而购买最适合自己的保险产品。通过物联网系统和相机等硬件设备，保险公司可以了解用户的行为模式并捕捉事件细节，从而使索赔过程更便捷。技术与分析过程的结合使行业的运营费用再创新低。随着时间的推移，上述技术也在不断发展，目前初创企业已经能够为用户提供按需保险，并能够灵活整合与监管保险业务，以涵盖不同类型的风险。

金融科技公司还提供了远程信息服务系统方案，从而向传统保险公司和保险初创企业提供它们所需的数据。同时平台还提供汽车驾驶员驾驶行为的分析结果，用于给驾驶员打分，然后根据分值向驾驶员收取不同的保险金额。使用这些数据和信息，金融科技公司采用新颖的方式吸引驾驶员购买保险，并使用打分机制约束他们的行为。利用收集的信息和数据，金融科技公司吸引驾驶员参加一些小游戏来帮助其纠正错误的驾驶习惯。平台还帮助保险公司举办一系列活动，引导驾驶员遵循正确的驾驶行为，奖励表现最佳的驾驶员。通过运用这些产品和平台，保险公司和其他金融科技公司可以了解驾驶员的驾驶习惯，并监控其驾驶行为的所有参数。比较有趣的是，平台还会记录驾驶员超速行驶的行为，这些初创企业都在创造良性循环的生态系统，以鼓励正确的驾驶行为。因此，金融科技公司通过收集更多用户数据和信息以帮助保险公司为客户提供个性化保险业务。

金融科技公司还提供了其他功能的应用平台，其中包括检测分心驾驶的平台。分心驾驶被认为是造成事故的主要原因之一，这些功能发布在金融科技公司研发的 App 中，驾驶员需要提前下载。当驾驶员开启应用程序时，应用程序会对驾驶员的每一次驾驶行为进行评分。同时，这个程序还会提供驾驶建议来改进驾驶员的驾驶行为。此外，这种应用程序可以识别驾驶员在驾驶过程中是否受到手机来电和短信的影响。同时这些 App 还能够追踪到用户和家庭成员经常去的地方及他们的驾驶习惯。

第二节　金融科技技术的创新引领

金融科技技术创新对金融行业和消费者带来了深远的影响，这个领域的不断发展已经引领了金融领域的许多关键方面的改变。鉴于此，以下将深入探讨金融科技技术创新的各个方面，移动支付和数字货币，以及金融科技创业公司的兴起等，这些创新如何提高金融服务的效率、透明度和可访问性，以及它们可能面临的挑战和监管问题，都将成为我们讨论的话题。

一、移动支付和数字货币

移动支付和数字货币是金融科技技术创新的明星之一。移动支付应用如支付宝、微信支付等已经改变了支付方式，使消费者能够在手机上完成各种交易，从购物到转账，这种便捷性不仅提高了用户体验，还加速了交易过程，推动了商业活动的发展。

另外，数字货币如比特币引领了一种全新的货币体系。它们使用区块链技术进行安全的、无须第三方介入的交易，这种去中心化的特性对于那些希望绕过传统金融机构的人来说是一项重要的创新。然而，数字货币的波动性和潜在的监管问题也引发了广泛的讨论。

二、区块链技术

区块链技术不仅仅局限于数字货币，还可以用于构建安全、透明的金融交易和合同。区块链的去中心化、分布式账本和不可篡改性等特点使其成为金融行业的革命性技术。

智能合同是区块链技术的一个典型应用，这些合同是自动执行的，无须中介，减少了交易的不确定性。供应链管理也得益于区块链的可追溯性，帮助追踪产品的来源和流向。资产跟踪则利用区块链来确保资产的真实性和可追溯性，这些应用都有助于提高金融交易的效率和透明度。

三、大数据分析

大数据分析是金融科技公司的重要工具，它们能够利用大数据来更好地了解客户需求、降低风险、提高客户体验和推出个性化的金融产品和服务。金融机构积累了大量的数据，包括客户交易、信用评分、市场趋势等。通过分析这些数据，它们可以更好地定制产品和服务，以便为客户打造更优质的产品和服务，并在此基础上提供卓越的客户关怀。例如，信用评分模型可以通过分析大数据更准确地评估借款人的信用风险，这降低了不良贷款的风险，有助于金融机构更负责地放贷。此外，市场趋势分析有助于投资者更好地了解市场动态，做出明智的投资决策。

四、人工智能和机器学习

人工智能（AI）和机器学习（ML）技术在金融领域扮演着不可或缺的角色，为金融机构提供了强大的工具，用以改善信贷评分、欺诈检测和投资策略。以下分析在这些领域中 AI 和 ML 技术的应用。

第一，信贷评分模型的提升。AI 和 ML 技术能够革新信贷评分系统，通过深度分析大量的金融数据和应用高级算法来更准确地预测借款人的信用风险。传统的信用评分系统常常受限于有限的特征和统计方法，而 AI 可以利用大数据集和非线性关系来生成更为精确的信贷评分模型，这有助于金融机构更精细地区分借款人的信用风险，从而减少坏账率。

第二，欺诈检测与预防。AI 在欺诈检测方面也发挥着巨大作用。它能够分析大规模的交易数据，识别出潜在的欺诈行为，帮助金融机构降低金融犯罪的风险。通过监视交易模式和自动识别异常交易，AI 系统可以及时发出警报，从而减少金融机构和客户的损失。此外，虚拟助手和聊天机器人也在欺诈检测方面发挥重要作用，它们能够自动筛查潜在的欺诈信息并提供客户支持。

第三，提升投资策略。AI 和 ML 技术还可用于改进投资策略。它们能够分析市场数据、新闻事件、社交媒体情感等多源信息，以帮助投资者更好地理解市场趋势和风险。基于这些分析，机器学习模型可以生成智能投资建议，使投资决策更有依据和预测性，这有助于金融机构和个人投资者在股票、债券、外汇和其他资产类别中取得更好的投资回报。

第三节　孵化金融科技与早期融资

一、孵化金融科技

孵化金融科技是一种过程，其目标是支持和培育金融科技初创企业，这一过程不仅包括提供资金，还包括提供资源、导师支持和相关行业知识，以帮助初创企业快速发展并占据市场份额。孵化金融科技是一种合作形式，可以由多种机构和组织来实现，包括孵化器、加速器、风险投资者、大型金融机构和技术公司等。

（一）孵化金融科技的过程

在孵化金融科技的过程中，有四个关键组成部分，这些部分协同合作，以支持初创企业的成长。

第一，孵化器[①]。孵化器为初创企业提供了一个创新友好的环境，帮助他们建立稳健的业务模型并与潜在投资者和合作伙伴建立联系。孵化器能够将创业者从仅仅关注技术和职能的个人变为真正意义上的商业人士或企业家。孵化器通常专注于技术或者商业领域，它们提供的服务范围不仅包括提供办公空间和专家建议，还包括提供商业指导、行政、人力资源、会计和财务帮助、法律咨询、企业合作机会甚至是获取天使投资的途径。

第二，加速器。加速器是另一种支持初创企业的机构，但它们的焦点更加短期和强化。加速器通常提供有限期培训计划，以帮助初创企业迅速发展，这些计划通常包括资金支持、导师指导、市场准备和演示日，以帮助初创企业准备好吸引更多投资。加速器的关键作用之一是使初创公司得到投资者的青睐，从而获得期望的投资资金以帮助初创公司进入下一阶段。在加速器中，企业家有机会与专业导师和其他已经完成企业加速器项目的初创公司管理者讨论他们的想法，重塑或者完善这些想法以满足市场或业务的需求。人们常说孵化器像一个中学，而加速器就像一个大学。加速器的选择标准非常苛刻，一些非常知名的企业加速器的申请通过率只有 1%～3%。加速器不是按需分配的，实际上，加速器项目是分批进行的。根据加速器项目本身提供的数据以及对完成加速器项目的创始人的调查，有多个网站对不同的加速器进行了评级排名。决定这些评级的参数有估值体系、筹款

---

①孵化器是一种专门的机构，致力于培育初创企业。它们通常提供工作空间、基础设施、导师指导和资金支持。

程序、退出机制和初创公司满意度。企业加速项目的关键特征之一是它们投资的是团队而不是个人，而且只投资那些可以在短期内估值、融资和退出的初创企业。

第三，风险投资者。风险投资者是资金提供者，他们愿意投资有潜力的初创企业。风险投资者在孵化金融科技的过程中扮演着关键的角色，他们提供了初创企业所需的资本，以支持其研发、市场推广和扩展。

第四，大型金融机构和技术公司。大型金融机构和技术公司也可以在孵化金融科技中发挥重要作用。它们可以提供资源、市场准入和行业洞察，帮助初创企业理解市场需求，以及为其产品和服务找到合适的应用领域。

（二）孵化金融科技的目标

孵化金融科技的主要目标有多重层面，既服务于初创企业，也有益于整个金融行业和社会。

1. 支持初创企业成功发展

首要目标是帮助金融科技初创企业在竞争激烈的市场中获得成功。孵化金融科技机构通过提供资金、资源和导师支持，协助初创企业克服起步难题，实现快速成长，最终占据市场份额。

（1）提供资金支持。资金对于初创企业的成功至关重要。孵化金融科技机构可以通过提供种子资金、风险投资或贷款来满足初创企业的融资需求，这种资金支持有助于初创企业扩大其业务规模，进行研发和市场推广，从而提高其竞争力。

（2）提供资源。孵化金融科技机构通常与初创企业建立战略合作关系，共享资源和专业知识，这些资源包括技术基础设施、市场研究、法律和合规支持，以及市场准入渠道。初创企业可以充分利用这些资源，提高其产品或服务的质量和市场适应性。

（3）提供导师支持。导师支持是孵化金融科技的另一项重要服务。初创企业可以受益于来自经验丰富的导师的指导和建议。导师可以分享他们的行业知识和经验，帮助初创企业避免常见的错误，制订战略计划，建立业务网络，以及发展领导能力。通过这些方式，孵化金融科技机构为初创企业提供了全方位的支持，帮助他们在竞争激烈的市场中蓬勃发展。

2. 为投资者提供机会

孵化金融科技也为投资者提供了独特的机会。投资者可以通过投资初创企业分享其创新和增长潜力，获得更高的回报。

（1）多样化投资组合。投资者通常追求多样化的投资组合，以降低风险。金融科技领域的初创企业提供了一个独特的机会，因为它们通常专注于创新和高增长领域。通过将资金投入金融科技初创企业，投资者可以将其投资多样化，从而分散风险。

（2）高回报机会。金融科技初创企业通常在相对短的时间内实现高增长，这为投资者提供了获得高回报的机会。成功的初创企业往往能够吸引大规模的用户基础，实现持续的收入增长。因此，投资者可以分享这种增长所带来的回报。通过支持金融科技初创企业，孵化金融科技机构为投资者提供了更多的选择和机会，有助于实现他们的投资目标。

3. 促进金融行业创新

孵化金融科技机构通过推动创新技术进入市场，促进了金融行业的创新，这种创新对金融服务的效率、成本、用户体验和产品选择都有积极的影响。

（1）提高金融服务效率。金融科技初创企业通常采用先进的技术和数字化解决方案，以提高金融服务的效率。例如，智能算法和自动化流程可以加速贷款批准流程、降低交易成本，以及改进风险管理，这有助于企业提供更快捷、更便捷的金融服务，满足现代消费者的需求。

（2）降低成本。金融科技创新还有助于降低金融服务的运营成本。通过消除冗余的流程、减少人工干预和采用云计算等技术，金融科技可以大幅减少成本，从而为企业提供更有竞争力的价格策略。

（3）改善用户体验。用户体验是金融服务的关键方面。金融科技的创新包括改进的界面设计、个性化推荐系统和快速响应客户服务，这些改进有助于提高用户的满意度，提升客户忠诚度，从而帮助金融机构在市场上保持竞争力。

（4）提供更多的金融选择。金融科技还扩大了金融产品和服务的选择范围。从智能合同到智能投资工具，金融科技的创新使消费者能够访问更多样化的金融产品，满足他们不同的需求和风险偏好。通过促进这些创新，孵化金融科技机构为整个金融行业带来了巨大的机遇，提高了服务质量和市场竞争力。

4. 促进社会经济发展

除了对金融行业的影响，孵化金融科技还对社会经济发展产生积极影响。通过创造就业机会、提供创新解决方案、改善金融包容性，这一领域有助于社会更广泛的繁荣。

（1）创造就业机会。金融科技行业的增长为就业市场带来了新的机会。初创企业通常需要招聘技术专家、市场营销人员、客户支持人员等各类专业人才，这有助于降低失业率、提高就业率，并为社会创造更多的职位。

（2）提供创新解决方案。金融科技的创新解决方案不仅影响金融行业，还渗透到了其他领域。例如，新的支付技术和数字货币改变了货币流通方式，而区块链技术应用于合同管理、物流跟踪等领域，这些解决方案有助于提高效率、降低成本，并推动其他行业的创新。

（3）改善金融包容性。金融科技还有助于改善金融包容性，使更多人能够访问和使用金融服务。数字支付、移动银行和在线投资平台使人们能够跨越地理和经济障碍，获得基本的金融服务，这有助于减少金融鸿沟，提高贫困地区的金融包容性。

二、孵化早期融资

孵化早期融资在初创企业的生命周期中扮演着至关重要的角色，这个阶段标志着初创企业的起步，通常需要寻找资金支持以推动业务的发展。以下深入探讨孵化早期融资的作用、方式、因素、影响和未来趋势。

（一）孵化早期融资的作用

第一，初创企业的生命周期。初创企业通常经历不同的生命周期阶段，从创立初期到成长和成熟。孵化早期融资位于这个生命周期的最早阶段，通常发生在初创企业成立不久的时期，这个阶段是关键的，因为它可以为企业提供所需的启动资金，以应对初始的运营和发展成本。

第二，推动业务发展。融资对于初创企业的业务发展至关重要。初创企业通常需要在产品研发、市场推广、团队扩大和基础设施建设方面投入资金。孵化早期融资可以帮助企业加速这些进程，使其更快地进入市场，抢占市场份额。

第三，吸引关键人才。在初创企业的早期，吸引和留住关键人才至关重要，但在通常情况下，初创企业无法支付高薪聘用顶尖人才。通过融资，它们可以提供股权激励计划，吸引高水平的员工加入团队，为企业的成功做出贡献。

第四，验证业务模型。在孵化早期融资的阶段，初创企业需要验证其业务模型的可行性，这可能涉及开发原型产品或服务，进行市场测试和收集用户反馈。融资可以提供所需的资源来进行这些验证，从而确保企业发展的方向是正确的。

（二）孵化早期融资的方式

第一，天使投资。天使投资者是初创企业的重要资金来源。他们通常是富有经验的个人或团队，愿意为初创企业提供资金支持，并作为回报获得一定比例的股权。除了资金，天使投资者还经常提供有价值的建议和指导，帮助初创企业更好地发展。

第二，种子轮融资。种子轮融资是用于初创企业早期发展的资金，这个阶段通常用于验证业务模型、开发原型产品或服务，以及建立初期市场份额。风险投资公司或天使投资者通常参与其中，为企业提供所需的资金支持。

第三，创业竞赛和奖励。一些初创企业可以通过参加创业竞赛或获得奖励来获得资金支持，这些竞赛和奖励可以为初创企业提供启动资金，同时还提供了宝贵的曝光机会，帮助它们建立更广泛的关系网络。

第四，债务融资。除了股权融资，初创企业有时也可以考虑债务融资，如借款或发行债券。尽管这会涉及偿还本金和支付利息，但对于某些初创企业来说，这是一种获得资金的有效途径。

（三）孵化早期融资的因素

初创企业在选择适合的融资方式时需要考虑多个因素，具体如下。

第一，资金需求。企业需要明确定义其资金需求，这包括初始运营成本、产品开发费用、市场推广支出以及人员薪酬等。不同的融资方式适用于不同规模和类型的资金需求。

第二，风险偏好。企业创始人和投资者的风险偏好也是一个重要因素。一些创始人可能更愿意与投资者分享股权，而另一些可能更倾向于债务融资，以保留更多的控制权。

第三，目标资本结构。初创企业需要考虑其未来资本结构的目标。它们需要思考是否愿意逐渐减少股权比例，还是更倾向于维持更高的股权比例。

第四，投资者关系。初创企业还应考虑与投资者建立的关系。不同类型的投资者可能提供不同类型的支持和指导。企业应选择与其愿景和价值观相符的投资者合作。

第五，市场条件。市场条件也会影响融资方式的选择。在不同的市场环境下，不同类型的融资方式可能更容易获得或更具吸引力。

（四）孵化早期融资的影响

孵化早期融资对初创企业的影响是深远的。它可以加速企业的发展，帮助其更快地实现商业目标。

第一，加速发展。融资使初创企业能够更快地发展。它们可以扩大团队，投资于产品研发，积极推广市场，以更快地占据市场份额。

第二，吸引顶尖人才。融资还可以帮助初创企业吸引和留住高水平的员工。股权激励计划可以激发员工的积极性，并吸引那些渴望与有潜力的企业一起成长的人才。

第三，提高竞争力。有足够的资金支持，初创企业可以更自信地与竞争对手竞争。它们可以采取更具侵略性的策略，迅速占领市场份额。

第四，降低风险。融资可以帮助企业降低风险。它们可以更好地应对不可预测的挑战，因为它们有足够的储备资金来克服困难。

（五）孵化早期融资的未来趋势

第一，更多的可持续融资。可持续发展和社会责任在融资中扮演更重要的角色。投资者和初创企业可能更关注环保、社会和治理问题，以满足越来越多的可持续性标准。

第二，技术驱动的创新。技术将继续推动融资领域的创新。区块链、人工智能和数字化支付等技术将提供新的融资机会，同时也会引入新的风险和监管挑战。

第三，全球化投资。投资将更多地涉及跨国界的合作。初创企业将寻求来自不同地区的投资者，并且投资者将更多地寻求跨国界的投资机会。

第三章
金融科技的多元化发展探究

第一节　金融科技的未来发展方向

一、金融科技公司——颠覆者

金融科技公司在提供的服务方面与传统金融机构有着明显的区别，以下列举两者之间的主要差异。

（一）提供令人满意的用户体验

许多初创企业首先提供差异化的在线和移动体验，然后再提供其他形式的差异化体验。例如，一家金融科技公司致力于改善客户旅行时的体验，各个金融科技团队与客户一起，从选择机票开始，帮助客户寻找最佳的航班，并通过贷款为客户的假期旅行提供充足的资金。因此，金融科技公司在提供令人满意的不间断服务体验方面成功地吸引了潜在客户，而不是将自己局限于技术的限制。

金融科技公司还支持物联网和数据分析等技术，为个人或群体提供个性化的客户体验。数据分析平台的生态系统可以帮助企业分析客户数据。其中一些平台甚至提供有关投资者应该如何投资贷款的建议。有许多保险公司分析驾驶员行为，以便为每种行为提供适当的保险。毋庸置疑，金融科技公司的优势在于提供准确又直观的用户体验。

（二）有效挖掘潜在的机遇

金融科技公司通过调整和改造业务和运营流程，冲击了金融服务市场。此外，与传统企业相比，它们保持了敏捷、灵活的状态，而且无须担忧违背法规。金融科技公司专注于单一或部分业务流程，而不是全面业务产品，从而保持了一定程度的合规性。它们利用技术完成对人类来说很困难的任务，更进一步扩展了自身的业务领域。上述所有因素使金融科技公司能够在传统金融服务所忽略的领域或细分市场挖掘潜在机会，并将这一机会分享给个人或无组织的参与者。在非洲地区使用移动货币，能够帮助没有开通银行账户的人完成在线或移动渠道的购买活动。信用评分公司使用依赖非传统数据源的替代算法来确定用户信用度，并帮助大量信用评分低或无信用评分的人借款。一些贷款公司为贷款初创企业的投资者提供保障基金，可以在借款人违约时保护投资者。P2P 贷款和 P2P 保险的诞生展现了新的思路，大多数传统公司在金融科技公司颠覆市场之前没有涉足这些领域。此外，金融科技公司甚至还涉足公益募捐的领域。有些金融科技公司允许客户在为自己投保的同时进行捐赠。

由此可见，这些初创企业还利用技术开拓新领域。像智能顾问这样的技术确实能够吸引那些请不起财富顾问的客户。在保险行业，保费也大幅下降，还能够基于物联网设备收到的实际反馈（而非以曾经的趋势和假设为基础）实现快速理赔的可能性。在非洲，比特币和移动货币等货币兑换，使大量尚未开通银行账户的个人和交易者能够从事银行和跨境交易，从而成为推动非洲金融发展的重要媒介。

（三）自动化提高工作效率

随着时间的推移，传统的金融机构已经建立了基础设施和软件系统，这些系统随着业务的发展而变化，因此拥有强大的定制逻辑。此外，这些系统的大部分是以修补的工作方式构建，以满足当前的业务需求，所以即使是贷款资格批准这样的简单操作也可能依然需要数小时乃至数天。从技术上讲，负责资格批准的系统必须等待批量处理，由集中系统处理多个来源的请求。处理请求通常在工作时间结束后进行，以优化服务器利用率。如果程序中缺少某些内容或提交的信息不正确，则处理时间将增加。相关资格审批可能需要几天或几周。由于数据、软件和硬件的限制，绝大多数金融机构的业务流程仍要依靠人工手动完成。

金融科技公司通过大部分流程的自动化（包括在几分钟内对大量数据进行分析的功能）来体现自身的差异化，这就产生了近乎即时的个性化的用户体验。它们使用最新的业务规则引擎和业务工作流程管理器实现了流程自动化。它们几乎每天都可以调整业务规则，从而可以每天或每周生产非常多的产品和进行利润丰厚的交易。很大一部分应用程序通过机器学习实现了自动化，使它们能够在几分钟内（甚至是几秒钟）处理大量请求。除了拥有用户想要的功能，"几乎是即时的"快速响应是金融科技公司成功的第二重要的因素。

（四）运用非传统渠道进行推销

金融科技公司很早就采用的社交媒体具有强大的推广优势，而且金融科技公司的目标群体是移动设备用户，移动设备借助于社交媒体和点对点通信，使业务流程变得十分便捷。在人们忙着惊讶的时候，金融科技公司已开始鼓励用户将应用程序推荐给他们的朋友。一些公司为了吸引用户，声称会给新用户提供免费的财富管理服务，数量有限，先到先得，这些公司推出的支付平台甚至可用于送礼，平台允许顾客通过社交媒体在电子商务网站上购买产品、预订行程和预订电影票。

P2P 支付、P2P 贷款和 P2P 保险都是通过先搭建一个社区，再在信任的基础上完成交易。绝大多数 P2P 平台会利用社交媒体，通过用户的联系人和朋友列表直接寻找新客户。微信和 Facebook（脸书）等一些平台，将支付功能内嵌至程序中，作为社交媒体应用程序的一部分。一些金融科技公司推出的支付应用程序会与社交网络平台合作，让人们能够通过应用程序进行无缝支付操作。社交媒体的影响力非常显著，即使是成熟的大银行也相继利用社交媒体进行业务推广。

（五）灵活的轻资产

传统业务依赖于营业场所内的软件解决方案和硬件配置。事实上，这种吹嘘自己对硬件和软件都进行投资的方式，放在十年前会被视为银行的销售战略，这也成为它们进军金融服务领域的主要障碍，因为前期它们需要投入大量的成本。相比之下，初创企业的大部分硬件在云端，软件也通常是从零开始构建的，并且可以利用最高效的工具和技术手段，这有助于公司采用轻资产运营模式，从而将大部分前期资产成本转换为按用付费的模式，这部分成本最终要么转嫁给客户，要么作为客户产生的费用纳入投资。在这两种情况下，绝大多数硬件和软件是按用付费的，因此初创公司不需要承担大量的前期费用。初创企业最初可能只需要雇用 10 多名员工，随着公司的逐渐成长，最终员工数可能会超过 100 人。公司会为大多数员工派发公司股票，作为其薪酬的一部分。公司股票很有可能估值情况良好，但随着大多数员工的离开，初创企业的股份很有可能被其他公司收购或接管，这些因素使得初创企业往往采用轻资产的运营模式，因为它们的基础设施和员工不是长期固定的，它们也难以在短时间内扩大或缩小规模。从消费者（或客户）的角度来看，按用付费的模式能够有效地降低成本，在不使用设备时无须付费，而高使用率通常意味着应用程序具有高效用，所以客户也并不介意为此买单。人们可以按照使用平台的份额支付相应的费用。虽然这只是理论意义上的，但客户会认为相较于大型金融机构，初创公司的收费更加合理。初创企业利用孵化器、联合工作空间或与其他初创企业合作的方式，将大部分非核心业务外包出去。进而，它们采用轻资产模式，可以专注于为用户带去价值，而不需要用户每天花大量时间进行管理和运营。

（六）积极与同行和竞争者合作

"传统的大型金融机构提供的是孤岛式的碎片化服务，有时会出现在同一个国家、同一公司的不同部门推出的商业产品相似或与另一国家的某一部门推出的产品雷同的情况。"[1] 虽然不同部门的产品相似，但部门间不愿意共用同一个服务提供商。所以，服务提供商会针对每个部门提供相应的设置方案，因此各部门就无法从共享服务的优势中受益。往往初创企业只专注于核心业务需要，而大多数非核心功能可以通过与其他金融科技公司合作完成，并支付一定的报酬。例如，支付、借贷领域的金融科技公司与监管科技公司合作以实现监管的合规性。众多金融科技公司通力合作，利用 API 向其他公司共享其核心业务，随时随地供大家使用。

公司之间的相互协作能够帮助金融科技公司扩展客户群体，它们只须专注于做好自己的核心产品，将本公司的专有功能展现给其他金融科技公司（或消费应用程序），从而帮助整个金融服务行业构建一个"即插即用"的生态系统，这反过来也能帮助客户以更低的价格享受到同等服务，毕竟提供服务功能的总成本是由生态系统决定的，而不是某个公司能左右的。

二、金融机构与科技公司合作创建生态系统

金融机构与科技公司合作创建生态系统，这一趋势伴随着金融科技的兴起而逐渐显现，在这种协作动态的背后，部分原因是传统金融机构与众多初创企业之间竞争日益激烈。因此，许多传统金融机构已积极响应这一挑战，通过设立创新实验室和独立团队，专注于业务创新，迈向了快速变革之路。然而，随着这些概念的试点逐渐成熟，一些大型金融机构逐渐认识到，虽然它们在基础设施、资源和投资等方面进行了革新，但其改革力度远不及金融科技公司所能达到的颠覆性程度。鉴于此，一些传统金融机构纷纷尝试与初创企业合作或进行收购。尽管这种合作模式在一开始取得了一定成就，但在文化和战略焦点等方面的差异导致了合作难题。随着时间的推移，这两者之间的鸿沟逐渐扩大，尽管金融科技公司只占据金融业务的一小部分，但其快速增长对传统银行和保险公司构成了严峻威胁。

值得注意的是，如今许多金融科技公司也已经认识到，与传统金融服务提供商合作，以实现整个价值链各环节的最大化价值，是必然之势。在传统银行和保险公司的推动下，

---

①阿尔琼瓦德卡尔．金融科技：技术驱动金融服务业变革［M］．李庆，王垚，译．北京：机械工业出版社，2019：290．

通过采用加速器等多种措施，这些公司的发展得到了进一步推动。当前，各金融组织和金融科技公司共同努力构建一个生态系统，在这一生态系统中，通过协同合作实现共赢已成为主要目标。以下详细论述金融机构和金融科技公司采用的不同策略。

第一，与金融科技公司合作增加产品类型。金融机构与金融科技公司合作增加金融产品类型，众多金融机构将金融科技公司研发的产品作为自己所提供产品的一部分，这已被视为最有效的方法之一。另外，还有一些金融机构设立了单独的金融科技部门，以便更有效地与它们合作。

第二，利用白标签与合作品牌的金融科技产品。有些银行不愿意投入大量时间来与金融科技公司建立合作伙伴关系或进行收购，因为这种方式会涉及技术差异以及利益相关者之间的冲突等问题。反之，银行选择直接从现有的金融科技公司内部购买产品，并将其作为自己的服务或产品进行推广和销售，这些产品可以被描述为白标签产品或合作品牌产品。

第三，通过投资与加速器计划吸引金融科技公司。众多银行、技术供应商和服务集成商都在努力构建一个金融科技发展的生态系统，以鼓励金融科技创新，并尽早对具有创新性的金融科技公司进行投资。随着金融科技公司的不断成功，这些传统机构可以选择收购金融科技初创企业、与它们建立合作关系或双方联合起来创建新实体。

三、金融科技的未来发展方式

未来金融科技公司可以扩大规模，但这一过程并不是一帆风顺的。传统金融机构和金融科技公司开展合作能够为行业生态增加新的维度，这种共存机制很可能成为行业常态而非个例。与传统意义上同人打交道的模式相比，"千禧一代"和"数字原住民"更倾向于使用移动设备，进而加速了金融科技行业的裂变。千禧一代逐渐成为主要收入人群，金融科技公司将何去何从，很大程度上是由这一群体决定的。千禧一代不仅有个人收入，还能继承长辈遗留的大量财产，这种财富继承往往在他们步入社会、接触金融服务的初期就会发生，他们通常还没有形成完善的理财观念，相较于把钱存起来，他们更愿意选择花钱。同时，在全球化的推动下，这一代的年轻人普遍喜欢旅行，而且不愿意过着朝九晚五的日子，所以对他们来说，换工作、换住所是常态，这使得他们更愿意租房而不是购买房产。此外，需求和可用设施的标准化，让这代人更愿意共享而不是独有，这进一步推动并演化出一种新的经济模式，即共享经济，人们共享书籍、公寓、汽车等。现已出台了一系列鼓励所有权分享的制度，共享经济将会在制度的推动下，不断地挑战传统金融服务业的规范。生存环境不断地恶化，促使人们的投资方向转变。世界各国积极倡导社会各界运用更加环保的经济模式（如可再生能源等），而不要把利润作为唯一的追求目标，这种投资模式的转变将会冲击那些不惜代价、只关注自身利益的传统财富管理行业。

（一）变革金融行业

受上述因素及目前和未来趋势的影响，金融科技公司可以通过以下六种方式变革金融行业。

第一，金融科技公司凭借其优质的用户体验，不仅正在颠覆现有的金融服务行业，还在逐步地增加其专属用户的数量。相信在不久的将来，金融科技会拥有比传统金融机构更广泛的用户群体。此外，在《支付服务指令修正案》规则的制定下，大多数金融科技公司能够访问用户数据和信息。API化将进一步增强金融科技公司同参与者的信息共享，这些因素很可能促使金融科技公司转变为具备面向用户的界面，并由传统金融公司提供数据和信息支持，确保交易在核心系统中得到无缝处理，这样传统金融公司会逐步转向幕后。作为后台交易引擎的传统金融机构，其大部分收入来源于所提供的数据和信息，这更多的是一种后台操作，可能很快就演变成一系列与用户体验无关的服务，而业内的同行也拥有大量用户数据，因此它们很可能与竞争对手打起"数据价格战"。激烈的竞争导致传统金融机构进一步压低价格，能够获取的利润非常低，而风险却很高，这与如今一些拥有良好用户关系的公司收取高昂数据费用的情况形成了鲜明对比。

第二，随着越来越多的金融科技公司从初期起步状态发展到如今的稳定状态，它们也逐渐获得了可观的收入，这些金融科技公司处理业务更加快捷，而基础设施和人力支出都普遍低于传统金融机构，所以与传统金融机构相比能够获得更高的利润。凭借客观的收益和投资资金的支持，金融科技公司还有余力进一步收购其他公司，逐步成为全球参与者。收购有助于扩大其服务范围，所以很快这些初创公司就能在财务业绩等方面全面超越传统金融公司。

第三，API接口等技术的发展和PSD2（支付服务指令2）等规则的制订将对未来金融服务业的发展产生深远影响。目前传统金融公司的金融服务提供的用户体验，完全可以由金融科技公司提供，此外金融科技公司还可以通过API接口连接到传统金融公司的核心处理引擎。在目前的行业状况下，大部分端到端的供应链被大型传统银行所拥有，而这些金融科技公司是在共享和外包供应链的非核心要素的协作模式下运营的。例如，如果用户的核心诉求是完善个人财务管理，那么金融科技公司将只关注这一诉求，并通过API接口从现有银行获取用户的账户信息，而不是自己去从头构建用户信息，这也是挑战传统银行地位的金融科技公司比传统银行更受欢迎的原因之一。目前的供应链主要是传统金融机构端到端的供应链，只有极少数例外，如信用卡支付服务、贷款回收和再保险等领域。

第四，大量的金融科技公司和传统金融公司提供了其核心服务和平台功能的API接口，这使得第三方可以更加便捷地获取信息和业务功能，通过业务外包和白标签等服务，提供与竞争对手相似的用户体验。此外，众多金融科技公司逐渐意识到，它们提供的业务和技术可以授权或按月付费的方式出售给其他公司，但是双方仍存在竞争关系，这种模式在汽车工业中的应用相当普遍，例如，某一汽车制造商使用其他汽车制造商的发动机来生产自己品牌的汽车。这意味着，金融科技公司可以向传统金融公司或其他金融科技公司提供一系列增值服务（包括用户体验），以作为这些公司业务或平台中的一部分。假如，一家公司开发了一个探究全球事件对用户投资组合的影响的风险量化模型，那么它可以将这一模型提供给任何一家财富咨询公司。

与之前提到的金融科技公司改变金融行业的三种方式类似，这种模式要么是金融科技公司的唯一出路，要么就是在不参与规模竞争的情况下，将其服务货币化的一种方式，这很有可能被利基金融科技公司所采用，从而在原有平台的基础上继续完善和发展，并对已有服务提出更高的要求，这也将确保科技初创企业继续专注于技术平台，并与金融业专家合作，提供完整的服务。例如，初创公司开发了一种信用评分方式，并将自己的服务外包给贷款银行，作为增值服务嵌入其中；或者是，技术公司追踪驾驶员的行为，并将这一服务嵌入汽车保险提供商的应用程序。

第五，现有的金融世界给消费者带去了一种分裂感强的用户体验。比如，用户需要从不同的保险供应商处购买汽车险、健康险、人寿险等保险。想要访问和管理个人保单时，用户必须登录各自保险供应商提供的应用程序进行操作，这种局限性正受到金融科技公司的挑战，银行、信用卡、保险、零售和电信等行业之间的界限将会被打破。与现有同行相比，金融科技公司正在从头开始打造自己的服务品牌，进而更有利于打破这些界限。

第六，众多金融科技公司已经开始采取措施，在保证业务盈利的基础上，提供婚姻咨询、金融普惠等一系列社会及经济问题解决方案。在传统商业模式中，能够顾及这些问题的可能是商业企业或慈善组织，企业只能通过社会责任基金参与慈善。此外，不能强制要求企业将社会公益事业作为经营目标。但是现在，金融科技公司已经能够在保持盈利的同时，通过产品创新援助社会公益事业。

金融科技公司实现盈利和公益事业双赢的局面，对比当前全球环境和社会经济形势的恶化，或许会引发社会革命，进而导致各国政府将全球社会经济提上议程，这种政府的形式将介于绝对的功利主义或绝对的平等主义之间，这可能进一步迫使企业从纯粹的功利主义转向以盈利为目的并兼顾处理社会公益问题的形态。这些因素可能带动全新一代企业既能够保证盈利，又能够兼顾社会经济问题。所以，金融科技公司以其管理某项业务的丰富经验，在这个新的世界秩序里，将处于绝对有利的地位。

（二）技术为未来金融服务产业赋能

金融科技公司的未来不仅会受到行业发展方向的影响，技术的演变也将对其产生重大影响。一位著名的分析师在其研究报告中阐述，初创企业很少有利用技术对行业发展造成颠覆性影响的能力。事实上，绝大多数的金融科技公司只是利用某些技术改进现有的业务流程而已。以下探讨技术颠覆行业发展、重塑金融科技世界的可能情况。

1. 聊天机器人和人工智能正在极大地改善用户体验

大部分金融科技公司和金融服务业通过向用户提供优质的客户体验来吸引他们的关注。提供优质的客户体验的方法包括：提供个性化信息、进行有效的面对面帮助、提供及时的预警和通知，以及提供地理定位等特定的服务。这里需要重点注意的是，大多数上述体验包含人工干预，因此用户体验在很大程度上取决于提供服务的员工。虽然能通过一些措施来评价员工的业绩，但历史经验表明，用户体验会随着所提供服务的规模扩大而变差。

聊天机器人和人工智能是最先被提出来利用机器驱动改善用户体验的概念，它们被视为商业服务行业的又一重大革命。金融科技公司在使用聊天机器人和人工智能方面处于行业最前沿，它们不仅能提供优越的用户体验，还能通过机器驱动推广业务，从而减少人力成本支出。随着机器人逐渐学习对语言和行为做出反应，人工智能驱动的机器响应时间被极大地缩短。已有的金融科技公司在提供这些技术服务等方面处于前列，它们将为机器响应创建一个更强大的信息库。在不久的将来，众多金融科技公司能够提供完整的机器主导型服务，服务将更多地由机器驱动而非人机交互，从而重塑整个金融科技和金融服务业。

2. 个性化将改变我们开展金融服务的方式

利用前面提到的机器学习技术，金融科技公司能够分析用户个人需求，提供比现有金融服务更有效的针对性服务。大量的金融科技公司开始使用数据分析和机器学习，向用户推荐个性化服务，包括但不限于传统金融行业所包含的服务。在技术的推动下，这些初创企业能够提供在零售、电信和旅游等领域无法实现的服务。通过这些技术，金融科技公司可以为用户提供个性化选项，包括购物、服装、旅游以及其他服务。所以，金融科技公司很可能帮助人们将个性化运用到日常生活的方方面面，而不仅仅是金融服务业，这也将帮助它们超越现有的传统金融机构，被广泛接受并赢得更高的忠诚度。

3. 生物识别技术可以简化操作的流程

生物识别技术是影响力最大的技术之一，被越来越多地用于身份识别和授权，它不仅能够重塑金融科技行业，甚至可以重塑整个金融世界。目前，金融行业对生物识别技术仍持怀疑态度，并没有完全将其作为身份识别和授权的唯一手段，这方面的技术进步将有助于金融科技公司和金融行业实现无须手动登录的全新用户体验。取消登录密码的键入将极大地增强金融世界交互的可能性。

同样，移动支付和可穿戴设备技术的发展，将意味着物理钱包的消失和支付体验的转变。将来金融科技公司有望能提供基于语音或眼球运动完成支付的服务。随着现有语音识别技术（如 Siri<语音识别借口>和 Alexa<亚马逊只能音响>）的进步，整个系统可以将购物、听音乐、发短信和浏览网页等操作用一个交互界面结合起来，这样就可以一边查看推送的建议，一边与对方代表交谈，同时获取早期购买者的评价数据，对不同的产品进行比较。

4. 区块链可以管理多方交互

现有区块链的实施仅限于生成加密货币或者以其他方式提供跨境交易和货币交换的解决方案。一些金融科技公司利用区块链技术，构建对账户持有人强化审查，或研究如何改进银行支付结算业务，但收效甚微。随着智能合约的出现，人们对区块链技术的理解不断地深入。技术和基础设施的进步都将有助于金融科技公司突破边界，进而为未来多方分布式账本交易寻找到解决方案。例如，当涉及记录大量的家庭成员财务、账目时，可以使用区块链的分布式分类账功能来管理家庭财务和投资。例如，为金融资产设立遗嘱，同样也涉及多个家庭的成员。金融科技公司可以利用这一点，为所有金融交易和金融工具构建和开发解决方案，这种解决方案的大多数实体是分布式实体，在实体之间存在信任危机。因此，区块链在未来必将成为主导金融服务业工作方式的技术之一。

第二节　金融科技创新及发展动力

随着"互联网+"战略的不断深入，云计算、互联网、大数据等先进信息技术得到了重大突破，同时实现了现代科技创新和金融需求的有效结合，使我国金融业发展迸发出了巨大的创新动力。金融科技创新是将互联网技术作为辅助手段并合理地运用于金融领域，促进金融行业的发展。金融科技创新的核心内容是以日新月异的网络信息技术对金融产品和服务模式进行革新，将人工智能、物联网等先进技术与金融行业的营销模式结合，创造出新的金融产品、服务和业务模式。从实践角度来看，金融科技既包括智能分析、智能投顾等金融技术，也包括新型支付清算、网络信贷等对传统金融机构产生巨大冲击的服务模式。

一、金融科技创新的主要特点

金融科技创新的特点主要从以下四个方面探讨。

第一，数字化。"大数据、区块链等技术推进数字货币替代纸币、电子账本替代纸质账本，身份识别和综合性信息逐步替代资质评级的过程，在信用社会体系中发挥重要的基础性作用。"[1]

第二，智能化。通过大数据、云计算和人工智能等技术手段，实现投资分析、信用评级、风险评级、投资报告自动生成等金融活动，智能获客和智能投顾等业务广泛开展。通过这些新型工具和服务，金融服务业能够更精准地量化客户体验的反馈机制，简化产品和服务流程，更准确地响应预期客户的需求，开创简单易用、具备高消费者参与度的产品与服务。

第三，普惠化。把最新的信息技术融入传统金融服务业的信息处理和投资决策中，这既是传统金融业最关键的营运环节，也是人力成本最为昂贵的环节，以往只有少数重要客户才能享受。随着金融科技创新的发展，越来越多的市场主体将享受到金融服务所带来的便捷。

第四，标准化。借助客户预警、欺诈识别、智能监测、互通互联等技术，可以有效提升金融科技监管的能力与效率，使每一类金融活动成为一个标准化的模块，有效防范金融风险，大幅提高金融科技工作效率，保障金融科技运作安全。

二、金融科技创新的重要影响

金融科技重点关注以大数据、云计算为代表的先进技术的应用与普及，以及其对提高金融服务效率的作用。因此，金融科技创新可以改善我国金融市场服务效率不高、创新能力不强、资源配置落后等问题，从而满足多群体对各种金融服务及产品等的需要，促进实体经济发展。

金融科技创新影响实体经济发展的机制主要体现在金融科技利用先进技术对金融体系进行改进和优化，提升其服务实体经济的效率和作用，进而支持实体经济发展。其一，金融科技创新凭借其先进的技术支持，完善金融机构的服务功能，有效优化金融市场体系。其二，金融科技进步使金融活动不受时间和空间的限制，信息成本和交易成本逐渐降低。其三，金融科技使资金供给方和资金需求方能在一个更加公平、合理和透明的市场框架下进行资金的配置，从而更有利于形成市场供求双方满意的均衡利率。该均衡利率将影响投资和储蓄，储蓄又直接影响消费，而消费和投资是促进实体经济发展的重要动力。因此，金融科技可以提高金融体系服务实体经济的效率和作用，更好地将资金配置到促进实体经济发展的制造业、生产性服务业等领域，以推动实体经济的良性发展。

---

①李建军．金融科技理论与实践［M］.北京：中国财政经济出版社,2021：338.

三、金融科技创新的主题表现

金融科技领域的创新主题表现包括支付创新、借贷创新、财富管理创新、信用管理创新、监管技术创新。

第一，支付创新。随着科学技术的发展，网络支付产业链不断延伸，支付方式从传统的现金、纸质票据、银行卡支付，拓展到网上支付、二维码支付、手机支付、传感支付等新型支付。市场参与主体和支付服务产品的不断扩大，重新构建了支付清算领域的生态圈。

第二，借贷创新。网络借贷是指利用云计算、大数据等互联网技术，通过互联网平台实现资金供需双方的合理匹配，降低融资门槛，将资金直接或间接地借给用户和小企业。网络借贷带来了更多发展机会，同时也加强了资金流转，从而提高资金利用效率。

第三，财富管理创新。在财富管理的过程中，最优管理模式是针对不同投资者的期限、盈利、损失承受能力、投资方向等特性，提出不同的资产组合策略，实现投资服务的供求相匹配。而数字化财富管理模式的出现，为这种最优匹配提供了现实可能性。

第四，信用管理创新。在互联网时代下，大数据技术与征信行业开始深度融合，数据的获取、挖掘、分析等能力已逐渐成为评估征信体系可靠性的重要指标。通过大数据、云计算、深度算法等新兴技术，可以多维度、多渠道地收集能够描述和反映客户特征和风险状况的数据信息，并提供信用报告、信用评估、信用信息咨询等服务，从而判断、控制信用风险，进行信用管理。

第五，监管技术创新。监管沙盒是适应金融科技创新规律和发展动向的监管新范式，能够有效促进金融科技创新和风险管控的动态平衡，从而实现金融安全性、效率性和普惠性的协调。建立监管沙盒机制的目的，是在有效保护金融消费者权益和抑制风险外溢的前提下鼓励与促进金融科技创新。监管沙盒具有以下典型特征：首先，虚拟沙箱是以云计算为基础的解决方案，创建一个真实或虚拟的安全环境，对创新产品和服务模式实现低成本的快速实验。企业在不进入真实环境的情况下，利用公共数据、其他公司通过虚拟沙箱提供的数据来进行测试。没有消费者利益受损的风险，也不会对金融系统造成任何伤害。其次，通过测试能够反映出创新的本质，及时发现并规避产品缺陷和风险隐患，有利于提高风险评估的有效性，为决策制定提供依据。再次，测试的底层逻辑是保护消费者利益和支持真正的金融创新，如提升服务品质、促进金融效率、缓释金融风险、实质性的业态突破等。最后，对金融科技创新公允对待，执行一致的公平与透明措施。所有的创新者都可以进行尝试，在测试阶段不采取强制性管理。

四、金融科技创新的发展动力

（一）需求拉动

随着移动互联网的快速发展，数以亿计老百姓的衣、食、住、行等日常生活场景迅速转移到各类互联网终端上的 App，衍生出大量全新的金融需求，造就了一个以普通大众为中心，以小额、碎片化、高频需求为主，规模庞大的个人金融市场。利用大数据、云计算、人工智能、区块链等最新技术，改变传统个人金融服务的信息采集来源、风险定价模型、投资决策过程、信用评级体系等，能够更好地满足线上个人金融市场的需求，进一步促进消费升级，也成为助推人民美好生活的金融驱动力。

互联网创新改变了我国居民的生活方式，个人生活场景的全面线上化态势应运而生，如此又催生了全新的金融需求。包括大数据、区块链、人工智能、云计算在内的金融科技手段，在满足全新线上个人金融需求方面，发挥着越来越重要的作用。

通过金融科技的技术工具变革，推动我国金融体系的创新，以此更好地服务我国居民的生活，是引领我国居民个人消费升级的有效手段，最终可以促进我国经济的高质量增长。

（二）技术推动

金融科技正在运用大数据分析技术、人工智能、认知计算、机器学习和分布式技术等前沿科技进行革新，将传统的银行、证券和保险业务进行分解，以期提供高效率、高附加值、低成本、更便利的产品和服务，从而降低交易成本，提升整个金融行业的运转效率。

金融大数据技术具有四个特征：一是海量数据；二是数据类型多样化，包括数据、文字、图片、声音和影像等不同形式；三是储备能力强，理论上储存空间可以做到无限大；四是数据传输速度呈加速度递增。而以云计算为基础的金融计算有三个特点：一是计算速度快，未来计算速度将由每秒钟十万亿次提高到每秒百万亿次；二是计算方法多，金融统计与计算包括现代金融统计学不断开发新算法、新工具；三是计算能力强，能够对数据、文字、图片、声音和影像等不同类型数据进行清洗加工、研发数据图谱，对不同数据进行综合计算与分析。人工智能将在投资评估、风险分析及智能投顾等金融科技领域取得重大突破并广泛应用，从而推动金融服务业取得重大进步。

（三）规避监管

"约束诱导理论"认为金融机构面对来自外部和内部的双重管制约束，必须通过不断提供新的金融产品，运用新的金融交易方式及革新现有管理办法，才能摆脱金融管制，实现金融机构利润的提高。此外，也有学者运用动态博弈模型分析金融创新问题，认为金融创新是金融机构为了脱离金融监管的制约和管制而产生的，由此提出了金融创新的"规避管制理论"，该理论认为金融监管机构为了控制可能发生的金融风险，会逐渐加强对金融机构的监管力度，将其视为隐形税收，认为这种隐形税收降低金融机构的利润，而金融机构则通过创新活动规避金融机构的管制，实现利润的增加。所以金融机构具有不断进行金融创新、规避金融监管的内在强烈动因。无论是"约束诱导理论"，还是"规避管制理论"，都认为如果金融机构面对的金融监管过于严格，便需要进行金融创新。所以，金融创新领域创新的推动因素之一就是合理地规避现有的严格的金融监管，获得高额的创新收益。

第三节　金融科技发展的机制保障

一、金融科技发展的引导与支持机制

要综合协调各体制机制，消除科技和金融之间融合的障碍。要从国家层面强调发展金融科技的重要性，以此调动政府相应部门的创造性和积极性，促进政府各部门通力合作，能够更高效地实行政府对金融科技发展的引导和支持机制。首先要强化机制的前瞻性、主动性、针对性，逐步完善金融科技政策的服务体系，健全财政支持体系，完善财政专项投资的资金管理体系，创新财政资金使用体系和财政投资评审体系，充分发挥财政资金杠杆和引导作用，推动金融科技企业的发展。其次要健全金融支持体系，加强引导金融科技企业的集聚，参考国际上对综合金融改革的成功经验，根据各地区的产业基础选取适合的科技与金融互动模式，以此促进科技的创新和金融产业的集聚。具体而言，需构建以下七种子机制。

第一，完善金融科技创新机制。无论是金融科技企业还是传统金融机构的金融科技模式，都离不开创新这个"生存养分"，其给企业的金融科技发展带来了源源不断的活力。与金融科技制度创新相关的政策应从两方面入手：首先，应不断推进金融机构的制度创新。如在科技担保方面，金融机构应不断对两者之间的合作模式进行创新，以信用担保、资金担保等担保形式建立高效的金融科技担保体系，同时还应不断创新金融工具、开发多类型金融衍生品，以确保自身和科技企业之间相关担保业务能够更好地开展。其次，应不断坚持科技企业的成果创新，例如，推进科研成果转化、科技产品的产业化。在增强科技企业自身实力的同时吸引金融投资者注资，加强其与金融机构的联系，推动金融科技结合发展。

第二，完善金融科技发展的环境优化机制。"金融科技发展的生态环境影响着其运行效率和发展水平，是金融科技正常、高速发展的基本保障。"① 金融科技的发展离不开政府的支持和引导，我国在这方面也不断出台政策和指导意见，有大方向的战略部署，也有根据金融科技发展需求制定的指导政策，如财政科技投入类，科技信贷、风险投资类，以及科技资本市场类等，用于优化金融科技发展的政策环境。但总体而言，我国对于优化金融科技发展环境的相关政策法规还有待进一步加强，政策效果也需要进一步提升，机制的系统性、高效性、完备性还有待完善。

第三，完善金融科技中心和金融科技园区平台建设机制。我国出台的有关金融科技结合的政策缺乏关于金融科技平台建设的内容，致使我国的金融科技中介服务平台缺失，中介平台多元化建设与中介服务体系还不完善，导致我国的科技企业和金融机构之间难以有效迅速地实现对接。

第四，完善法律制度管理机制。金融科技的健康、稳定发展，需要行业、社会和政府共同努力去维护。而政府制定相关法律法规管理制度，可以有效地约束金融科技在可控范围内进行技术创新和突破。所以要完善法律制定管理机制，强化相应的法律法规，规范金融科技建设，构建高效、完整的保障体系。另外，完善法律体系要随着金融科技的多元化产业发展逐步落实，制定金融科技各种产业的行业标准，要细化、精确到产业的各个领域。从主体的基本原则到各方向上的产业要求和制度都要一一落实，层层落地。

第五，建立投资引导机制。对于企业的融资，依靠金融科技的信息技术虽然拓宽了融资渠道，提高了融资效率，但还是无法满足众多中小微型企业的融资需求。因此，要通过政府的引导和支持，以财政预算为基础对各种商业金融资本提供相应的优惠政策，如对风险投资机构、商业银行、保险公司等金融机构进行业务亏损的政策补偿、风险补偿、财政补贴等。通过一系列举措向资本市场和金融机构发出信号，提升它们对中小微型企业投资的信心，降低风险，吸引更多的资本参与。通过与金融科技的前沿技术相结合，最大限度满足企业的融资需求。

第六，建立组织管理和协调机制。金融科技的多元化发展的基本特征和优势是跨区域、跨行业，与各个行业相融合，使行业的发展更加智能化和数字化，但这也是金融科技产业难以管理的原因。因此，需要政府主导构建金融科技的统一管理和协调机制，节约社会资源，提升管理效率，这就要明确各级政府对于金融科技相关产业的管理职能，各部门

---

①刘变叶,张雪莲,郑颖,等 . 金融科技结合的路径创新[M].北京:中国经济出版社,2021:321.

分工明确，全面覆盖，同时也要加大对金融科技企业集中整合的力度，集中资源来提升管理效率，发挥政府和市场的共同作用，鼓励金融科技发展的不断创新。

第七，完善复合型人才培养长效机制。在金融科技产业融合发展的机制设计中，关键是要培养金融科技复合型人才。随着金融领域不断对外开放，各种跨国业务的开展，越来越需要国际型高科技专业人才。其中，兼备金融专业知识、掌握金融科技和风险管理等知识和技能的复合型人才更是急需。金融科技复合型人才的培养是一个系统工程。首先，需要在新文科大背景下，通过高等院校和科研院所掌握基本理论知识、提升基本理论素养；其次，需要地方金融机构或监管当局结合金融科技发展实际建立人才培训及选拔机制，以期培养理论与实践结合的人才。此外，金融科技重构下的金融基础设施建设需要以专业的高科技人才为依托，人才已经成为影响中国金融科技和金融基础设施发展的重要因素。在各项金融业务中，应建立人才分析数据库，利用大数据、人工智能等分析人才队伍并对其进行客观的评价和任务分配。完善评价机制以对人才进行管理，利用互联网的优势挖掘并培育专业化人才，增强科技人员的创新和专业化水平。在开放的环境中，更应以各种方式激励人才，提升其获得感，充分体现其个人价值，增进归属感。个人也应该适应时代大方向，充实自身的知识，并提高技能，以应对多元化人才市场的竞争。无论如何，加强人才队伍建设都是中国金融基础设施发展的重要支撑。

二、金融科技发展的监管机制

金融科技具有跨界、脱媒、智能化等特点，对现有的金融监管体系提出了极大的挑战，迫切需要建立金融科技监管的长效机制。

（一）金融科技风险的新特征与产生原因

1. 金融科技风险的新特征

"金融科技是金融和科技的深度融合，它能够显著提升金融效率，更好地实现普惠金融和促进经济增长。"[①] 同时，作为一种破坏式创新，除了操作风险、市场风险等传统金融业面临的常规风险，金融科技还面临着一些新型风险，有着更鲜明的风险特征。

（1）扩散性与连锁性更强。传统金融体系下，信用在以商业银行为主体的中介机构中传递，风险也在可控的范围内形成，扩散性和连锁性不强。但在以大数据、人工智能等科技手段为底层基础的金融业，各参与主体之间的界限逐渐模糊。例如金融创新模式"区块链+供应链金融"，当链上的某个环节产生了风险，就有可能引发整个系统的连锁风险。大

---

① 卜亚．金融科技新生态构建研究[J]．西南金融，2019（11）：51．

数据将经济社会的各个领域相连，金融领域的风险会扩散到其他领域。数据将是金融科技发展的制高点，而数据的传输在新兴科技手段的助推下会摆脱时间、空间的限制，快速在包括金融领域在内的整个经济社会传播，易形成系统性风险。金融科技的深度融合带来金融业态、金融模式的颠覆性变革的同时，也会使风险在不同市场上迅速扩散，金融风险会在范围、幅度、深度上加剧传播，影响整个金融系统的稳定。金融市场参与者有相同的行为，强化了市场共振和"羊群效应"，放大了市场波动性，增加了系统风险。操作风险逐渐增加，小的技术问题可能导致极其严重的损失。

（2）隐蔽得更深。金融科技具有创新度高、技术性强、传播速度快等特点，但在追求技术突破的同时，缺乏对金融科技产品的审查和实验，过于追求技术，而忽略了金融的本质，这类金融产品在应用时蕴含了巨大的风险，而且还不能简单快速地被我们辨识，这种风险的潜伏期长且不固定，还有可能因为各种因素越来越严重，但是并不能被我们发现，在完全爆发时想要快速化解是不现实的。例如，农药对农作物有利，但会对自然环境造成影响，但具体有怎样的影响，我们不能够确定具体的数值。从这就能够看出科技风险的隐蔽性有多强，是人类技术还不能够完全解释的。金融科技领域亦是如此，并且隐蔽性更强。

（3）监管难度更大。传统金融的监管主要是以实体金融机构为落脚点，其监管过程比较单一。而金融科技领域则主要依托大数据、人工智能等新兴技术，传播速度快、传播广泛、隐秘性强等特点显而易见。传统金融监管体系对金融科技领域的监管效果受到影响，由此形成金融科技监管的真空地带，其监管难度远远大于传统金融的监管难度。监管难度主要从两方面来考虑：一是对金融科技监管的能力有所考验。由于近几年金融科技发展迅速，对于金融科技专业人才的需求增加，而需求远大于供给，监管人员势必有一段时间的紧缺，这就需要发掘和培养金融科技监管人才。二是在传统金融的监管体系下，监管流程和内容已经趋于完善和成熟，但原有的监管技术和监管体系无法满足金融科技的监管需求，就要顺应金融科技的特点进行改变。

2. 金融科技风险产生的原因

金融科技的发展目前还处于起步阶段，但是其传播的快速性、广泛性以及隐蔽性等特点带来了许多金融科技新型风险，如利用金融科技恶意骗取贷款、洗钱、信用卡套取现金等，会影响金融的稳定与安全。技术进步导致了金融产品和金融市场的复杂性，也增加了金融风险。金融创新加剧了风险的扩散，也加快了传导速度。风险产生的原因在于不对称性以及金融科技自身的脆弱性。

（1）不对称性。不对称性主要表现在以下两个方面。

第一，金融数据规模与质量的不对称。在大数据时代，不同主体对金融数据掌握的程度不同。金融数据规模与质量的不对称则会在各个环节产生风险。例如，数据收集能力较差的传统金融企业以及小规模金融科技企业对客户数据收集的不对称，会导致其产品受众群体较小、产品种类缺乏等一系列风险问题。

第二，金融科技行业与参与者的信息不对称。市场参与者在进行交易时需要获得多方位更详细的信息，然而在金融科技时代，传统的信息披露要求很难消除信息不对称。首先，因为市场主体常常会选择披露对自己有利的信息，隐藏对自己不利的信息，而将风险转移给交易对手，从而产生道德风险；其次，那些高收益背后隐藏的高风险往往会被资质比较低的市场参与者忽视，进行超过其风险承担范围的金融交易，容易产生逆向选择风险，一旦经济形势下滑时，则会发生"跑路""关门"等现象；最后，金融科技的网络化及数字化特征可能会强化金融风险的负外部性，一旦风险状况出现时，市场参与的各方不能准确评估交易对手的风险状况，就容易在最坏的假设情况下进行风险处理，从而导致一系列不利的连锁反应。

（2）脆弱性。金融科技在发展初期具有一定的脆弱性，即过度关注科技本身的发展，而忽略了非科技因素。

第一，金融科技平台自身管理的问题。虽然通过金融科技平台能够在虚拟网络中进行交易、支付和投资等金融活动，提高了资源配置效率，但是由于平台自我约束机制不完善，平台监管机制不健全，金融科技平台内部可能就会出现信用信息的恶意泄露等问题，放大了金融风险。

第二，金融科技风险专业人才紧缺。传统金融模式下的传统金融人才已经趋于饱和，金融科技复合型人才紧缺，尤其缺少金融科技的日常维护、内部控制以及合规分析方面的人才，此外，软件研发工程师、云平台构架师、Java架构师、高级产品经理等岗位人才仍是传统金融机构在进行金融科技布局时所急需的，这些人才的缺乏会降低金融科技持续发展的韧劲。

（二）金融科技监管机制的构建设计

金融科技监管机制的构建需要一定的时间和过程，要遵循分步走、部门之间相互协调、多种技术相互融合的原则。从部门来看，需要国家层面、金融机构层面和行业层面互相协调。从技术层面来看，需要将大数据、人工智能、移动互联网、云计算、区块链等相互融合，而非相互独立。

1. 构建的原则与重点

（1）国家层面。从国家层面来看，需要做到宏观层面的监管机制构建。例如，制定与金融科技安全相关的政策，创造一个安全的金融科技环境，加强对金融科技基础设施的建设，从而减少或是避免金融科技风险的发生。

（2）金融机构及行业层面。从金融机构层面要着重于制定合规的内部控制政策来防范金融科技风险，并且与政府金融监管者互相协调，共同建立金融科技监管的有效机制。金融科技行业发展与金融制度不相适应也是产生金融风险的重要缘由之一，因此必须解决阻碍金融科技健康发展的体制机制问题，为实现金融的高质量发展扫清制度障碍。

2. 机制构建的框架设计

（1）完善金融科技信用体系及举报机制。为防范金融科技信用风险，首要的任务是完善中国金融科技信用体系，加强金融科技类企业信用保障，确保信用信息公开透明，提高投资者融资信心，这是基本的制度保障。由于金融科技风险具有传播速度快、隐蔽性强等特点，应加速区块链和物联网的融合，利用区块链的可信特征与物联网的可追溯性建立信用机制，提升可信水平，防范金融科技信用风险的发生。还要从国家、行业以及客户三个方面及时发现和解决企业应用金融科技的风险。例如，加快建设数字技术监管举报平台，提升监管举报的专业性、及时性和统一性。运用金融科技的特点，从技术层面建立金融科技信用体系和举报体系，从而加快信用风险的发现速度和处理速度。

（2）建立防范安全风险的技术创新及基础设施建设机制。为了防止网络金融数据安全风险，可以运用技术手段降低数据丢失或被盗取、篡改的概率，降低金融科技机构发布虚假信息的概率。大数据的作用主要是收集数据，它是防范金融科技风险的基石，可以提升金融风险管理的覆盖度。大数据与金融领域联系紧密，在众多的金融机构中得到了广泛的应用。大数据能以常见的形式把个人、企业的各种金融活动储存起来并进行分类，大范围地监控交易行为的发生。传统的金融风险管理所能够依据的数据有限，只能有限地防控风险。而大数据可以提供全方位、多领域的信息和相关交易数据，运用支持向量机（SVM）、回归分析等方法进行分析，覆盖面广、时效性强。

人工智能则主要对收集的数据进行分类、计算和处理，它可以提升金融风险管理的准确性。人工智能与机器学习和深度学习结合，可以准确有效地防范风险。人工智能以智能化的方式监控金融交易的同时，亦能预测风险的发生及其后果，给客户提供不同的可以选择的策略。由此，在金融产品交易的过程中，价格能够合理地反映价值，有效降低风险和减少过度投机现象的发生，促进金融稳定。人工智能替代人类不断重复的简单劳动，能为交易主体提供个性化的金融服务。

将区块链、大数据、人工智能、云计算广泛并深入地应用于金融基础设施，可推动支付清算业态的升级，优化证券交易所的业务结构和贸易金融基础设施，完善对金融基础设施的监管和服务体系，改革金融基础设施的供给结构，共同推动金融领域的进步与发展。

（3）建立金融知识普及机制。加强对普通投资者的金融基础知识教育，尤其要加强低收入投资者等普惠金融服务对象的金融基础知识教育。金融交易的门槛在下降，这对于客户是利好的，但非专业金融人士在总投资者中的比例很高。并非所有人都能承担投资交易所带来的风险，此时金融知识的普及就显得尤为重要。为了防范金融科技操作风险，政府及有关金融科技机构应当建立普及金融知识的有效机制，政府和各类机构可以向公众推广融资知识或通过金融科技网络平台对群众进行教育，以提高投资者的保护意识和水平。

（4）建立金融科技人才培养长效机制。当前，虽然传统金融下的人才队伍建设已经取得长足进步，但是随着金融科技的发展，传统金融人才已经趋向于饱和，在新兴金融科技企业以及传统金融企业拓展金融科技市场的大环境下，人才的培养就显得尤为重要。所以，要建设培养金融科技人才的有效机制。可以高校和科研院所为依托，在开办传统金融课程的同时，对金融以及信息技术专业的课程进行交叉，提高金融科技的研究水平，着重培养金融科技复合型人才。金融企业也要做好对传统金融人才的金融科技培训，把传统金融人才培养提升为行业所需要的金融科技类人才。

第四章
金融科技赋能数字经济发展研究

第一节　数字经济及其发展沿革

一、数字经济概述

数字经济是继农业经济、工业经济之后的一种新的经济社会发展形态。"发展数字经济意义重大，是把握新一轮科技革命和产业变革新机遇的战略选择。"[①]

随着数字经济的深入发展，其内涵和外延不断演化。根据现行的国民经济行业分类和统计制度，准确界定数字经济并不是一件容易的事情。其中，计算机制造、通信设备制造、电子设备制造、电信、广播电视和卫星传输服务、软件和信息技术服务等行业是数字经济的基础产业，互联网零售、互联网和相关服务等是架构于数字化之上的行业，可看作数字经济范畴。数字经济难以准确界定的另一个原因在于它是融合性经济。其他行业因信息通信技术的应用与向数字化转型带来的产出增加和效率提升，是数字经济的主体部分，在数字经济中所占比重越来越高，这部分却更难以准确衡量。实际上，数字经济是一个阶段性的概念。互联网将成为像水和电一样的生态要素渗透到各行各业，渗透到经济社会活动的各个环节，对国民经济的促进作用将不断得到释放。

（一）数字经济的层次与类型

半个世纪以来，国际社会围绕信息通信技术的创新、扩散、应用及带来的影响提出了知识经济、网络经济、数字经济、信息经济、互联网经济等一系列新概念，都试图描述新一代信息通信技术与经济社会变革，随着技术演进和认识深化，数字经济成为国际社会发展的共识。信息经济与数字经济的内涵和外延大体一致，根据当前国际国内关于信息化和经济转型发展的共识，数字经济是全社会基于数据资源开发利用形成的经济总和。在这个

---

①孙克．数字经济［J］.信息通信技术与政策，2023（1）：1.

定义中，数据是一切比特化的事物，是与物质、能量相并列的人类赖以利用的基本生产要素之一。数据资源开发利用是为了服务于人类经济社会发展而进行的数据产生、采集、编码、存储、传输、搜索、处理、使用等一切行为及支持这些行为的 ICT 制造、服务与集成。数字经济是以数字化信息为关键资源，以信息网络为依托，通过信息通信技术与其他领域紧密融合，形成了以下五个层次和类型。

第一，以信息产业为主的基础型数字经济层。基础型数字经济主要体现为信息产品和信息服务的生产和供给，主要包括电子信息制造业、信息通信业和软件服务业等。

第二，以信息资本投入传统产业而形成的融合型数字经济层。信息通信技术的持续创新发展，推动了信息采集、传输、存储、处理等信息设备不断融入传统产业的生产、销售、流通、服务等各个环节，形成了新的生产组织方式，带来了更多的产出。

第三，体现信息通信技术带来全要素生产率提高的效率型数字经济层。效率型数字经济是指因信息通信技术的使用带来全要素生产率的提高而增加的经济总量部分。

第四，以新产品新业态形式出现的新生型数字经济层。信息通信技术与传统产业融合不断催生出新技术、新产品、新模式，并形成了富有创新活力和发展潜力的新产业，即新生型数字经济。

第五，产生社会正外部效应的福利型数字经济层。信息通信技术在经济社会领域的普及推广，带来了更多的社会信任、更高的公共安全和更广的社会参与等潜在的社会福利，即福利型数字经济。

（二）数字经济的属性与作用

1. 数字经济的属性

信息通信技术的蓬勃发展带来了快速、复杂、多变的经济社会转型方向、规律、特征、路径和模式的多元化认识，带来了社会各界对数字经济达成共识的挑战。

（1）数字经济是更高级的经济阶段。作为人类历史上第三经济形态，数字经济具有鲜明的时代特征，信息的零边际生成成本、复制无差异性、即时传播等特征颠覆了物质、能量要素的独占性、排他性，随之也颠覆了农业经济和工业经济的一些固有经济理念。数字经济与农业经济、工业经济的基本差异在于，从生产要素来看，相对农业社会的土地、工业社会的资本和能源，数字化的知识和信息上升为关键生产要素。从生产工具来看，传统工业经济中的电动机和制造装备等能量转换工具被信息所改造，成为具有感知、传输、处理、执行能力的智能工具，以及智能工具组合而成的智能制造生态系统。从基础设施来看，在数字经济中除了传统的铁路、公路等交通基础设施外，宽带、泛在、融合的网络基础设施成为经济社会运行不可或缺的重要支撑。

（2）普惠性是数字经济发展的根本特性。数字经济中开放、包容、协作、共享、共赢等特征不断凸显，其共同交集是普惠性让更多的人受益，确保人人都能从数字经济的发展和带来的机遇中受益。数字经济的充裕性、无所不在的互联性给人类带来的财富和福利的增长及潜力毋庸置疑，更重要的是这些财富和福利的增长将惠及更多的人群。数字经济借助时空压缩之功，尽可能地兼顾每个人，给每个人的全面发展提供比历史上任何一个时期都要大的自由度。数字经济能够让每个人享受更多的健康、自由和幸福。

（3）数字经济发展的中国经验的双重意义。数字经济发展的中国经验具有独特性，同时又对发展中国家具有普遍的借鉴意义。独特性表现在中国的数字经济发展路径区别于美国、欧洲、日本等发达国家和地区。在发展中国家发展数字经济，可能出现越落后越"革命"的逆袭。中国在面向个人的电子商务、移动支付、分享经济等领域有可能率先走到世界的前列，成为带动整个数字经济发展的先遣部队。在全球产业竞争的格局中，与传统的工业社会相比，中国数字经济部分领域赶超的进程、动因、路径、模式独特，中国的数字经济发展模式增强了发展中国家的信心，在特定领域发展中国家可以探索具有本国特色的数字经济发展之路。

（4）最具创见的思想是数字经济最稀缺的资源。在农业经济中，最稀缺的资源是劳动力；在工业经济中，最稀缺的资源变成资本；而在数字经济中，信息技术使得资本的稀缺性降低，那些具有创新精神并创造出新产品、新服务、新商业模式的人才在市场资源配置中的作用不断凸显，信息链条顶端最具有创见的思想成为比资本更稀缺的资源，资本的支配地位要让位于最具创意的人力资本，创新性人才比以往任何时候都重要。信息是数字经济中的一个基本生产要素，在零边际生产成本和网络效应的作用下，数字经济会呈现要素回报递增的规律，回报递增将带来领先者恒久领先、大者愈大的新趋势。

（5）数字经济彰显劳动者自主性。信息通信技术的普及应用不仅带来了生产效率的提高，也带来交易效率的提高。从分工的角度看，数字经济发展推动了分工不断深化，超级细化的分工正成为一种现实。数字经济能够实现超级细化分工的基础是交易成本的极大降低和时空距离的极大压缩。在农业经济、工业经济中，不断深化的分工是提高经济效益的根本机制。在数字经济中，超级细化分工在进一步提高经济效益的同时，也更加彰显了劳动者的自主性。人的天赋得到进一步的发挥。劳动者自主性的彰显会带来数字经济的组织和形态的深刻变化，超级细化分工还将会导致组织的去中心化，将孕育数字经济的新经济生态。

（6）数字经济发展加速产业融合。在产业层面上，数字经济将会浸润、渗透、弥漫所有产业，产业融合在数字经济中会更深、更广，最终会使传统的产业边界逐渐淡化。数字经济对产业渗透与融合是有一定顺序的，这在发展中国家表现得尤为明显，这与一个国家原有的工业体系的发达程度与发育水平相关，也与传统产业对信息及时性、准确性、完整性的需求有关。在我国传统产业信息化的进程中，传媒、零售、通信、批发、物流、金融、制造、能源、农业等产业将逐步迈上数字经济的列车。数字经济对产业的全面融合将带来生产方式的根本改变，工业经济下的产业边界清晰，重视对资源的占有、产业链上的分工，数字经济对产业的全面融合将使信息密集度成为产业观测的一个重要标准，产业边界的淡化还会对全球产业分工的格局产生重大影响。

（7）数字经济需要适应性的新规则体系。数字经济带来了创新与效率的提高、选择的多样化、人的充分发展等阳光的一面，但如同人类在历史上经历的所有经济制度一样，数字经济也有另一面：财富有可能进一步集中、全球性和国内不平等可能会加剧、数字鸿沟加深、隐私更容易被侵犯、信息技术风险与安全问题成为全球性问题、赢者通吃、加大垄断的暴利、国际贸易规则可能被改写等。为了应对这些挑战，需要在创新、税收、反垄断、国际规则、信息技术风险与安全等方面建立适应数字经济特点的新规则体系。数字经济的创新性可能带来冲击、摩擦甚至旧的经济的解构，在各个方面对传统的利益格局可能带来冲击。数字经济对经济监管的理论和理念也带来新挑战。

2. 数字经济的作用

（1）数据成为驱动经济发展的关键生产要素。随着移动互联网和物联网的蓬勃发展，人与人、人与物、物与物的互联互通得以实现，数据量呈爆发式增长。全球数据增速符合大数据摩尔定律，大约每两年翻一番。庞大的数据量及其处理和应用需求催生了大数据概念，数据日益成为重要的战略资产。数据资源将是企业的核心实力，谁掌握了数据，谁就具备了优势。对国家也是如此。大数据是"未来的新石油"、数字经济中的"货币"，是"陆权、海权、空权之外的另一种国家核心资产"。如同农业时代的土地和劳动力、工业时代的技术和资本一样，数据已成为数字经济时代的生产要素，而且是最为关键的生产要素。数据驱动型创新正在向科技研发、经济社会等各个领域扩展，成为国家创新发展的关键形式和重要方向。

（2）数字基础设施成为新的基础设施。在工业经济时代，经济活动架构在以"铁公机"（铁路、公路和机场）为代表的物理基础设施之上。数字技术出现后，网络和云计算成为必要的信息基础设施。随着数字经济的发展，数字基础设施的概念变得更广泛，既包括宽带、无线网络等信息基础设施，也包括对传统物理基础设施的数字化改造，如安装了传感器的自来水总管、数字化停车系统、数字化交通系统等，这两类基础设施共同为数字经济发展提供了必要的基础条件，推动工业时代以"砖和水泥"为代表的基础设施转向以

"光和芯片"为代表的数字时代基础设施。

（3）数字素养成为对劳动者和消费者的新要求。农业经济和工业经济，对多数消费者的文化素养基本没有要求；对劳动者的文化素养虽然有一定要求，但往往局限于某些职业和岗位。然而在数字经济条件下，数字素养成为劳动者和消费者都应具备的重要能力。随着数字技术向各领域渗透，劳动者越来越需要具有双重技能——数字技能和专业技能。但是，各国普遍存在数字技术人才不足的现象，部分公司表示难以找到他们需要的数据人才。所以，具有较高的数字素养成为劳动者在就业市场胜出的重要因素。对消费者而言，若不具备基本的数字素养，将无法正确地运用数字化产品和服务。因此，数字素养是数字时代的基本人权，是与听、说、读、写同等重要的基本能力。提高数字素养既有利于数字消费，也有利于数字生产，是数字经济发展的关键要素和重要基础。

（4）人类社会、网络世界和物理世界日益融合。随着数字技术的发展，网络世界不再仅仅是物理世界的虚拟映象，而是真正进化为人类社会的新天地，成为人类新的生存空间。同时，数字技术与物理世界的融合，也使得现实物理世界的发展速度向网络世界靠近，人类社会的发展速度将呈指数级增长。网络世界和物理世界融合主要是靠信息系统和物理系统的统一体信息物理系统实现的。信息物理系统是一个结合了计算领域和传感器等装置的整合控制系统，包含了无处不在的环境感知、嵌入式系统、网络通信和网络控制等系统工程，使身边的各种物体具有计算、通信、精确控制、远程协作和自组织功能，使计算能力与物理系统紧密结合与协调。在此基础上，随着人工智能、虚拟现实（VR）、增强现实（AR）等技术的发展，又出现了"人机物"融合的信息物理生物系统，这一系统改变了人类和物理世界的交互方式，更强调人机互动，强调机器和人类的有机协作。信息物理生物系统推动物理世界、网络世界和人类社会之间的界限逐渐消失，构成一个互联互通的新世界。

二、数字经济的具体特征分析

（一）数据成为新的生产要素及新的能源

1. 经济活动高度数据化

新兴的数字经济，最重要的特征就是高度数据化。工业时代的公司，以 IT 技术为核心实现数字化，数据的流动及在线化范围有限，数据应用场景主要局限在以自我为中心的小的生态圈中。数字经济时代，数据的流动与共享，推动着商业流程跨越企业边界，编织全新的生态网络与价值网络。云计算模糊了企业内部 IT 与外部 IT 的界线，公司间传统的数据与程序相隔离的状态将有望被打破，随之将出现新的商业生态和价值网络。公司 IT

系统一旦穿过防火墙，就非常容易与其他公司的 IT 系统实现信息交流与交换，从而越过公司界线执行业务流程。

生产要素是在社会经济活动中参与财富创造的社会资源。在农业经济时代，主要的生产要素就是土地和简单的劳动力，主要是体力劳动。在工业经济时代，除了上述两种生产要素，还增加了资本，主要是机器和工厂、能源，包括煤炭、石油。而到了数字经济时代，数据成为重要的生产要素。数字经济的特征在于数据将会越来越多地参与财富创造的过程，而且数据参与越多，其创造财富的能力就越大，呈现出一种非线性的特征。

2. 数据背后是算法

在数字参与财富创造的过程中，数据需要结合数字技术，主要是算法，另外，数字总是和产品结合在一起。数字经济的运行过程中，"数据+算法+产品"的运作方式日益成为主流，并最终趋向于一个"智能化"的形态。用户行为通过产品的"端"实时反馈到数据智能的"云"，"云"上的优化结果又通过"端"实时提升用户体验。在这样的反馈闭环中，数据既是高速流动的介质，又持续增值；算法既是推动反馈闭环运转的引擎，又持续优化；产品既是反馈闭环的载体，又持续改进功能，为用户提供更赞产品体验的同时，也促使数据反馈更低成本、更高效率地发生。一言以蔽之，数据、算法和产品就是在反馈闭环中完成了智能商业的三位一体的。

3. 避免数据陷阱

数据成为数字经济核心的生产要素，但生产要素需要从数量和质量两个维度进行考查。数据的量是一个重要方面，即通常的大数据，数据的质也很重要，甚至更为关键。因为如果数据质量出现问题，就会发生人们常说的"垃圾进、垃圾出"（Garbagein，Garbageout）问题。大数据存在以下三个陷阱。

（1）"大数据自大"。"大数据自大"即认为自己拥有的数据是总体，因此在分析定位上，大数据将代替科学抽样基础上形成的传统数据（小数据），而不是作为小数据的补充。

（2）相比于"大数据自大"问题，算法演化问题就更为复杂，对大数据在实证运用中产生的影响也更为深远。算法演化会产生两个问题：第一，由于算法规则在不断变化而研究人员对此不知情，今天的数据和明天的数据容易不具备可比性；第二，数据收集过程的性质发生了变化。大数据不再只是被动记录使用者的决策，而是通过算法演化，积极参与到使用者的行为决策中。

（3）看不见的动机。算法演化问题中，数据生成者的行为变化是无意识的，他们只是被页面引导，点出一个个链接。如果在数据分析中不关心因果关系，也就无法处理人们有意识的行为变化影响数据根本特征的问题，这一点，对于数据使用者和对数据收集机构来说，同样不可忽略。

在推动数字经济发展的过程中，不仅应该关注数据的量，更应该关注数据的质。唯有如此，才能够充分利用数据这一新型的生产要素、新能源。

（二）平台替代公司——加速资源优化配置

数字经济的发展，必然也带来经济组织的变革。在数字经济下，最有活力的新组织系统就是平台化公司。

1. 平台的核心价值

平台的核心价值在于汇集信息、精确匹配供给和需求。经济活动的基本特征之一是信息的严重不对称。从供给和需求的角度看，可能存在的信息不对称情况包括三种：①有需求，无供给；②有供给，无需求；③供给和需求都有，但相互找不到对方。平台的功能正是将无数的供给者和需求者连接在一起，使双方能够实现低成本的沟通，实现信息的高效流动。除了精确匹配供给和需求，平台还将使市场这一资源配置的机制更好地发挥作用。市场机制发挥作用，需要不断地重新配置生产要素。经济平台化之后，供给方之间的竞争会变得更加激烈，能够更好满足需求的一方将获得更大的市场份额，而效率低、缺乏比较优势的供给方要么提升自己的效率，要么将资源转移到其他领域。平台化，将提高市场配置资源的效率。而资源配置效率的提升是经济增长的重要动力。平台在经济活动中发挥的作用使其成为数字经济的基础。

依托"云、网、端"这些新基础设施，互联网平台创造了全新的商业环境。信息流不再被工业经济供应链体系的巨头所阻隔，供应商和消费者的距离逐渐缩短，沟通成本大大降低，直接支撑了大规模协作的形成。信息的透明使得企业信用不需要和规模挂钩，各种类型、各种行业的中小企业通过接入平台获得了直接服务消费者的机会。随着数字经济的加速发展，平台化的公司也成为经济活动中关键的组织形态。

2. 平台与生态

平台发展之后，会形成一个丰富的生态体系。这是因为，随着规模的扩大，将推动分工的深化。自亚当·斯密的《国富论》开始，分工与专业化就被认为是推动经济增长的重要动力。而平台的发展，将使分工和专业化逐渐加速和深化。分工的深化，使经济活动的参与者能够不断地发现自身的比较优势，从而在一个很小的领域实现专业化，成为经济活动重要的参与者，这些新兴的参与者，构成了平台上的整个生态系统。

在物种上，成熟的数字经济平台上的物种极为丰富。以阿里巴巴为例，平台为买卖双方提供了基础、标准的服务，大量个性化的商业服务，则由生态系统内各种各样的服务商提供。目前，服务市场已聚集数万家服务商及服务者，为千万淘宝及天猫卖家提供服务，年交易规模达数十亿元，提供了包括店铺装修、图片拍摄、流量推广、商品管理、订单管理、企业内部管理、人员外包等相关服务与工具几十万个。

借助数字经济平台能够实现生态系统成员之间超大规模的协作，这种超大规模的用户数及其背后庞大的生态体系，是工业时代的公司无法比拟的。

平台和商业生态的发展也为经济学家提供了新的启示。经济学的发展一直借鉴物理学的众多概念和理论，但经济学者也逐渐意识到，人类社会与物理世界仍然存在很大的差别。物理世界虽然包含明确的规律，但不是由生命体组成的，与人类世界仍然存在根本性区别。但生物学的世界却不一样，其本质上是由生命活动组成的，在生物世界中发现的规律，对于理解人类社会，理解经济规律将更有帮助。

3. 平台型企业

数字经济的平台化特征还体现在平台型企业成为数字经济中关键的参与者。平台经济体的产生有两条路径：互联网原生与跨国公司转型。谷歌、Facebook、阿里巴巴、腾讯等都是诞生于互联网，不以产品作为战略导向，而是着力建设平台、培育生态，在很短的时间内获得爆发性增长。特别是在"云、网、端"的基础设施逐步完善之后，各种类型的平台经济体如雨后春笋般成长起来。未来，技术会不断拓展平台经济体的边界，可以预见随着新一代技术的成熟与应用，诞生于互联网且融合实体商业的平台经济体会迎来下一波爆炸性增长。

近年来，科技行业跨国公司正在快速转向平台经济体，并获得了巨大成功。传统行业跨国公司也在逐步培育自己的平台经济体。在工业设备领域，以通用电气公司，即美国通用电气公司（General Electric Company，GE）为代表的跨国公司在加速部署机器互联战略，通过终端的信息收集设备和统一的数据平台，沉淀海量的机器运行数据，将形成一个全新的机器设备运行维护的生态系统，GE 的 Predix（互联网平台）已初见雏形。

汽车是手机之外最重要的移动终端，车联网一直是各整车厂商的必争之地。生态涵盖范围已经拓展到车况跟踪、全生命周期保养维护以及和汽车相关的各种消费等。

在医疗领域，除了大型医疗设备互联，问诊平台改变了以往纯线下的看病方式，患者在就医方式方面有了更多选择。在最传统和保守的金融行业，也看到了通过平台生态系统进行营销、软件开发的案例。

未来的平台经济体发展一定是双轮驱动的。越来越多的跨国公司会发现，开放共享平台经济体的网络效应要远远超过传统供应链优化带来的价值。

4. 平台与经济增长

平台经济体的发展，一方面通过汇集大量的信息，为市场中的企业家和消费者提供了价格信号，帮助他们实现精确匹配，从而降低整个经济活动的交易成本；另一方面，在平台上，更好的产品和服务会不断地替代那些市场竞争力不足的产品和服务，其本质就是生产效率更高的企业不断地获取更多的资源，从而使那些效率低的企业要么通过不断创新提升自己的效率，要么转型到其他行业，进而实现要素的优化配置。

平台经济体可以说让市场机制配置资源的功能得到了更好的发挥，使资源不断地从效率低的企业和部门配置到效率高的地方。在这一过程中，会不可避免地出现破产、失业，这正是市场经济本身所固有的特征。经济学家一般同意，作为法律制定者，应该保护的是竞争本身，而不是竞争者。但在技术快速进步、不同行业生产效率差别非常大的情况下，整个经济资源重新配置的过程也将非常剧烈，这意味着有众多市场主体需要转换行业，众多劳动者需要重新学习新的技能。在这一转变过程中，政府或者行业机构为这些企业和劳动者提供信息、再就业培训等，都能够使这一转变过程变得更为平稳。

（三）经济活动中的全面智能化

大数据和云计算是人工智能发展的重要支撑，而人工智能在经济活动中的应用，将会带来经济活动的全面智能化，这也将是未来经济活动的发展方向。

1. 智能医疗

（1）智能医疗的服务。智能医疗是近年来国家倡导的一种新型医疗模式，运用先进的互联网技术，实现医疗信息的采集、存储、转换和传输，以及各项业务流程的智能化运作。通过线上线下同时运作，实现患者与医务人员、医疗机构、医疗设备之间的互动，减轻了患者就诊压力，方便患者就诊。同时有利于医院对相关医疗手段进行完善，更高效率地为患者诊治。智能医疗不只是数字化的简单集合，而是集医疗服务、互联网技术、通信信息技术应用于一体的新型现代化医疗。

第一，线上服务系统。线上服务系统利用云计算和大数据技术，将传统医疗服务模式移入线上，通过云端设备、智能终端产品等进行运作，以实现智能化医疗手段，提高患者就诊体验。这一创新性的医疗模式为患者提供了更加便捷、高效的医疗服务，为医疗行业带来了巨大的变革。

传统的医疗服务模式存在着时间和空间限制，患者需要亲自前往医院才能获得医生的诊断和治疗。而线上服务系统的出现打破了这种限制，患者可以通过互联网平台随时随地与医生进行沟通，享受远程医疗服务。无论是在线咨询、远程诊断还是远程监护，患者都可以通过智能终端产品与医生建立起互动联系，快速获取专业医疗建议。

云计算和大数据技术为线上服务系统提供了强大的支持。云端设备可以存储大量的医疗数据，包括患者的病历、化验结果、影像资料等，这些数据可以被医生随时访问和分析，从而更好地了解患者的病情，制订更准确的诊断和治疗方案。同时，云计算还可以通过数据分析和挖掘，提供个性化的医疗建议和预防措施，帮助患者更好地管理自己的健康。

智能终端产品在线上服务系统中起到了关键的作用，这些产品可以与云端设备进行连接，实现数据的传输和共享。患者可以通过智能手机、平板电脑或智能手表等设备，随时随地监测自己的健康状况，记录生理参数，如血压、血糖、心率等，将数据上传至云端。医生可以通过远程监护系统实时监控患者的健康状态，并在必要时进行干预和指导，提供更加个性化的治疗方案。

线上服务系统的推广和应用，不仅提高了患者的就诊体验，还减轻了医疗资源的压力。患者无须亲自前往医院，就能获得及时的医疗服务，减少了等待的时间和排队的烦恼。同时，线上服务系统也能够促进医疗资源的合理配置，减少了医院的负荷，提高了医疗效率。患者可以通过线上服务系统选择合适的医生进行咨询和治疗，无论是在城市还是偏远地区，都能享受到优质的医疗资源。

第二，线下服务系统。线下服务系统是目前主要的就诊模式，它依托线上服务模式缓解就诊压力，解决就诊问题。同时，医院环境规划布局及医师的服务态度也是影响线下系统体验的重要因素。

随着人口的增长和疾病负担的增加，医疗资源紧张成为社会面临的重要挑战。线下服务系统通过提供实体医疗机构的服务，为患者提供高质量的医疗资源和专业的医疗服务。与此同时，线上服务模式的发展也为线下系统带来了很大的帮助。通过线上挂号、预约检查、查看检查报告等功能，患者可以提前了解医疗资源的情况，减少了排队等候的时间和不必要的人员聚集，有效缓解了就诊压力。

然而，线下服务系统的体验不仅仅取决于医疗资源的充足性，还与医院的环境规划布局及医师的服务态度密切相关。医院的环境规划布局应该合理和舒适。一个良好的环境可以为患者提供更好的就诊体验，减少患者焦虑和不安情绪。医院应该注重细节，提供清洁、明亮、通风良好的诊室和候诊区，为患者提供舒适的就诊环境。医师的服务态度对于患者的就诊体验至关重要。医师应该具备专业的知识和技能，能够准确诊断和治疗疾病。同时，医师还应该关心患者的感受，给予他们充分的关注和尊重。医师的沟通能力也非常重要，他们应该能够清晰地向患者解释疾病的情况和治疗方案，回答患者的问题，解除患者的疑虑。一个友善、耐心、负责任的医师可以有效地减轻患者的焦虑和恐惧，增强他们对医疗系统的信任感。医院管理层也应该加强对线下服务系统的监管和改进。医院应该定期进行服务质量评估，收集患者的反馈意见，并及时采取措施改进服务。

（2）智能医疗创新与优势。"智能医疗是通过打造健康档案区域医疗信息平台，利用最先进的物联网技术，实现患者与医务人员、医疗机构、医疗设备之间的互动，逐步达到信息化。"[1] 智能医疗通过互联网服务模式，线上线下分流运作，改善了传统医疗看病难、就诊过程烦琐等问题，降低了时间空间成本，极大地提升了用户体验。智能医疗相对于传统医疗来说，有以下四个方面的优势。

第一，配置资源。目前智能医疗所占的医疗资源份额较低，空间潜力大，智能医疗会是未来趋势。

第二，分级诊疗。智能医疗可以推进分级诊疗，目前国内已有少部分医院开启远程医疗终端模式，给双向诊疗提供了机会。

第三，医患互信。在智能医疗服务系统中，医患之间相互沟通时间增多，医护人员对患者病情掌握会更全面，便于更好地给患者诊疗，从而改善医患关系。针对一些心理问题、身体缺陷等疾病可利于保护隐私，医患之间互相信任。

第四，公开透明化。通过互联网数据共享，可选择性公布公开医师和患者之间的信息，可使患者在服务系统中查找想要的信息，也可解决传统医疗模式下暗箱操作的问题。

2. 金融科技

随着人工智能技术在金融业的渗透，国内金融行业也开始逐步应用人工智能技术。随着国内双创政策的推动和对人工智能产业的投资拉动，预计广泛应用的突破点即将到来。

（1）在交易预测方面的应用。在交易预测领域的应用呈现出卓越的潜力。随着数据爆炸性的增长，人类大脑在处理和计算这一庞大数据量上显然存在局限，这引发了一个关键问题：是否有可能将如此大量的数据有效融入人类思维中。因此，人工智能再次崭露头角，成为解决这一难题的有效途径。具体而言，人工智能在交易预测方面的应用可以从两个层面加以考察。首先，可以从微观层面着手，即通过分析个体客户的多方面行为数据，来推测其违约概率。这种方法可为金融机构提供有力的工具，帮助其更准确地评估风险，并采取相应的措施来降低损失。其次，在宏观层面，可以考虑利用人工智能技术来分析整个市场的各种数据波动，以预测潜在的大规模系统性风险。这种全面的市场分析不仅对单个企业，还对全球所有企业提供了高度关键的风险预警，有助于采取及时的应对措施以维护市场的稳定性。

（2）在投资顾问服务方面的应用。

第一，人工智能可以进行投资策略评估，降低投资成本。人工智能可以搭建出一系列的学习机制，而学习机制聚集到一定程度，可以产生相关的知识库，使得人工智能具备主

---

[1]程一方. 智能医疗的发展与应用[J].中国新通信,2019,21(1):220.

动学习、主动推理、主动决策的能力。例如，在美国，不少公司都在尝试人工智能搭建的知识库。通过数据算法，对用户进行分类定级，从而为信誉度良好的用户，降低使用产品的门槛。对于每一台人工智能机器而言，其服务客户数量的最大化可以使其复制成本最小化。花旗银行的人工智能客户服务起步于 2012 年，技术支持方则是美国的 IBM 公司，花旗相中的是 IBM 公司旗下的沃森人工智能电脑。该机器能够模拟人类的推理和认知的方式，对出现的问题进行演绎，从而判断出用户的需求、行业的形势、市场的环境等。日本的初创公司，也同样利用人工智能，在图像识别的技术基础上，对用户的外汇信息进行分析，并以图表的形式存储以方便查阅。

第二，人工智能辅助金融新闻、报告、投资意向书的半自动化生产。比如美国肯硕公司（Kensho）结合自然语言搜索、图形化用户界面和云计算，为投资者提供了一套全新的数据分析工具沃伦（Warren），并且能够回答复杂的金融市场问题。韩国《金融时报》2016 年推出了"人工智能记者"的程序，安装了此项程序的电脑在股市交易日结束时，基于证交所的各项交易数据，仅花费 0.3 秒的时间就可写出一篇关于当日股市行情状况的新闻报道，而半数以上的读者阅读后分不清到底是人写的还是程序完成的。

第三，智能顾问具有速度快、精度高及执行交易敏捷的优势。一般而言，一个智能代理交易程序具有同时跟踪上百只证券的能力，能实时盯盘，根据盘中申报单及高频交易数据的状况，即时拟订最优的交易指令，并精确执行，跨金融市场、跨交易品种的各项交易将可以轻松地实现。

3. 智能教育

从教育均衡的定义中可以得知，教育不均衡发展是教育资源的不均衡配置造成的不公平教育。而人工智能技术能够打破时间、空间及情感倾向的限制将相关信息资源进行高速传递，实现教育资源的同步、无差异化、最大化共享。也就是说人工智能技术能够破除教育资源不均衡配置的难题，从而实现教育的均衡。人工智能正依据自身的优势，在教育均衡中发挥着补偿、效率提升和媒介的功能。

（1）人工智能技术在促进教育均衡中发挥补偿作用。特殊儿童由于先天或后天的原因存在身体或者智力等方面的缺陷，导致对他们的教育相比正常儿童要困难得多，再加上特殊儿童存在的特殊情况比较多，教师总量上和专业性上存在不足，难以做到对每一名学生都采取不同的措施和方式进行教学，因此部分特殊儿童得不到应有的教育，这与教育公平的本意相违背，也与全纳教育理念背道而驰。但是人工智能技术能够在这一点上起到较好的补偿作用。人工智能技术具有延伸器官的功能，能够较快识别特殊儿童的缺陷点。基于人工智能技术的智能机器人能够充当机器人老师，对存在不同缺陷的学生采取不同的方式进行教育。例如，对自闭症儿童，可以通过智能机器人对其进行陪伴；对听力障碍学生，可以运用语音转写系统进行学习；等等。利用不同的信号方式帮助特殊学生获取相应的学习信息，对特殊教育教师数量不足、专业性不够的弱点，发挥缺陷补偿的价值，从而促进教育均衡发展。

（2）人工智能技术在促进教育均衡中发挥效率提升作用。教育的不均衡发展主要体现在教育资源的不均衡，而在各种教育资源中，教师资源是最重要的部分。农村和偏远地区的学校普遍存在教师资源不足的问题，这种不足既体现在教师数量的绝对量不足，也体现在教师水平的不足。随着智能社会的逐步推进，教育技术也在发生变革，人工智能技术方兴未艾，人工智能技术与教育的融合，能够实现学生与名师即时面对面的提问和学习，相对排队问老师而言，通过人工智能技术进行学习，知识的高度集中让学习效率得到提高。同时教师能够通过人工智能技术提供的平台，录课上传和获得专家点评，能够从各位专家名师有针对性的点评中快速对教学方式方法进行改进，迅速提升教学的水平和质量。人工智能技术以其针对性强和高效性的特点，在推动教育均衡发展中发挥着效率提升的作用。

第一，智慧答疑平台。我国发展过程中形成的城乡二元机构，在教育领域同样存在。在城市，学生放学后能够在电脑上尽情查找学习资料，家庭条件好的学生还可以参加课外辅导班，而农村的学生只能望"书"兴叹。同时城市的条件更加优越，城市的教师数量更多；而在农村，还有部分学校因为缺少专任教师，连基本课程都开不全。通过人工智能技术，搭建在线答疑平台，把名师"请回家"，能够在一定程度上弥补教师数量的不足，高效地满足不同学生的学习需求。

第二，专属导师。教育资源的核心是人，即教师。教师的水平越高，教出来的学生越好，可见教师的水平至关重要。如今，我国通过特岗教师、公费师范生等方式向农村学校补充了教师，但是教师的水平参差不齐，影响课堂的教学效果。虽然学校会安排有经验的教师帮助成长，但有经验的教师的时间和精力有限，这种"师徒结对"的方式虽然有效，难以在短期内培养大量的优秀教师，而通过"智慧教师培养计划"，通过平台将名师"请回家"，可以较好地促进教师的成长和发展。

（3）人工智能技术在促进教育均衡中发挥媒介作用。教育的不均衡发展体现在师资力量不强和教育资源不对等两个方面。在城市地区，拥有大量的高级教师、名师等优质教师资源，这使得城市学校能够提供更好的教学质量和教学水平。然而，农村地区的教师流失问题严重，导致农村学校的教学质量和教学水平相对较低。为了缓解贫困和偏远地区教师力量不足的问题，智慧教育的双师教学模式可以将城市的优质课堂通过互联网传送到农村学校，使农村学生能够与城市学生共同上一堂课。双师教学模式是指一位城市教师通过互联网直播技术将课堂内容传递给农村学校的学生，同时由当地的一位教师进行辅导和管理，这种模式可以充分利用城市教师的优质教学资源，弥补农村学校教师力量不足的短板。实施双师教学模式对于促进教育均衡发展具有重要意义。

第一，它能够打破城乡学校间的空间壁垒。由于城乡发展差异和教育资源不均衡，农村学校往往无法获得城市学校的优质教学资源。通过双师教学模式，城市的优质课堂可以传送到农村学校，弥补了城乡之间的教育差距。

第二，双师教学模式可以破解小规模农村学校发展的难题。由于农村地区学生数量相对较少，学校规模较小，很难招聘和留住高质量的教师。通过双师教学模式，一位城市教师可以同时辅导多个农村学校的学生，解决了教师资源的匮乏问题，提高了农村学校的教育教学质量。

第三，双师教学模式还能够加强教师的专业发展。通过与城市教师的互动和合作，农村教师可以接触到更先进的教育理念和教学方法，提升自身的教学水平，这有助于改善农村教师队伍整体素质，进一步提高农村学校的教育质量。

总体而言，智慧教育的双师教学模式可以通过互联网将城市的优质教学资源传递到农村学校，缓解贫困和偏远地区教师力量不足的问题，促进教育均衡发展。通过移动互联网和网络终端设备，农村学校可以轻松获取优质教育资源，提高教学水平。同时，双师教学模式也有助于打破城乡教育差距，破解小规模农村学校发展的难题。政府和相关部门应加大对农村地区网络建设和教育设施的投入，提供必要的支持和保障，以推动双师教学模式在教育领域的广泛应用。

三、数字经济的发展沿革

数字经济的兴起与数字技术或信息技术的演进密不可分。自20世纪90年代以来，信息技术一直引领着一轮又一轮的科技革命，不断推动技术的发展，并催生新的产品。无论是电子计算机这一标志性的发明，还是互联网的诞生和广泛普及所带来的全面连接性，或者是近年来兴起的大数据等新兴技术所描绘的智能化前景，这些因素都在推动数字经济的不断演进和蓬勃发展。技术、产业、创新、资本、渗透和融合等要素相互推动，激发出新的生机，使数字经济经历了三个不断深化的发展阶段。随着电子计算机的问世和其产品形态的不断演进，数字经济的第一波浪潮，即从"0-1"的数字化阶段，迅速兴起。随后，因特网和移动互联网的兴起与普及催生了数字经济的第二波浪潮。而最近，全球范围内数字技术的深度跨界融合正引发数字经济的新一波浪潮。

（一）电子计算机开启的"0-1"世界

自1946年电子数字积分计算机（Electronic Numerical Integrator and Computer，ENIAC）

问世以来，存储器记录虚拟信息成为可能，数字化普及成为趋势，人类进入"0—1"的领域。20 世纪六七十年代，大规模集成电路（Large Scale Integration，LSI）的发展为计算机硬件提供了可能性，电子计算机进入了大型机和小型机时代。IBM 公司主导了计算机领域，被誉为"蓝色巨人"。第二次世界大战后，IBM 从军用技术转向民用技术，市场范围从政界、军界、学界逐渐扩展到广大的民用市场，并在 60 年代和七八十年代分别推出了经典的 IBM 360/370 系列和 IBM 4300 系列。这一时期，IBM 在技术和市场方面都占据着现代电子计算机领域的主导地位，开启了商业计算机的时代，尽管当时的"0—1"世界有限并受限传播。

然而，当时的计算机仍然笨重、庞大且昂贵，IBM 的计算机售价都在百万美元以上，难以普及。1976 年，史蒂夫·乔布斯（Steve Jobs）和斯蒂芬·沃兹尼克（Steve Wozniak）、韦恩（Wayne）创立了 Apple-1，其被认为是世界上第一台通用且商业化的个人电脑，对 IBM 和微软的产品产生了重要影响。到了 20 世纪 80 年代，IBM 组建了独立的开发团队，采用英特尔芯片和第三方软件开发了 IBM PC 5150，微软为其提供了 DOS 操作系统，个人电脑时代正式开始。随着微软的 Windows 操作系统和英特尔的 80286、80386、80486 等芯片问世，个人电脑市场逐渐成熟，从台式计算机演变为笔记本电脑，微软和英特尔的 Wintel 帝国成为个人电脑，特别是笔记本电脑时代的主导力量。

数字经济的起步阶段必然是信息的数字化。早期的数字化是口头或纸质媒介记录的信息转化为存储器计算的"0-1"语言，这种指令化语言更适合对数据和信息进行加工和处理，具备可复制、格式化、跨越空间和时间等特性，促进了信息的快速传播和准确处理。此外，它也将人类从一部分重复计算的脑力劳动中解放出来，使人们能够更加专注于知识和创新。

（二）互联网开启的虚拟世界

电子计算机的出现引发了信息存储和处理方式的革命，而互联网的出现则标志着一个全新时代的开启，使人类的经济社会活动似乎在虚拟世界中找到了一个投影的表现，这一虚拟世界不仅改变了实际世界的信息形态，还通过大量的软件和信息服务创造了多样的语言和图形等信息表达形式，不断丰富和完善数字经济的领域。

互联网的广泛传播在 20 世纪的最后十年成为一股改变一切的动力。因特网（Internet）异军突起，阿帕网（ARPA）在不到 30 年里从军事领域和四所高等学府的桌面扩展到了普通公众，这要归功于 TCP/IP 对网络数据传输的标准化，推动了网络设备（如交换机、路由器等）、各种链路、服务器以及不同终端之间的连接。因此，1991 年，商业用户首次超过了学术界用户，也归因于新颖的检索方法和商业模式。20 世纪 90 年代初出现了便捷的网页浏览器和搜索引擎，使公众能够更轻松地搜索信息。随后，大量商业化软件的出现进一步满足了公众的信息处理需求，互联网信息服务逐渐丰富，从而形成了桌面互联网连接的数字世界。

进入 21 世纪以来，随着移动通信技术的快速发展、移动通信设备的不断创新以及移动智能终端的广泛普及，移动互联网取得了突破性的发展。全球移动互联网的增长速度远超桌面互联网，从笔记本电脑到手机、智能手机、可穿戴设备、智能家居，甚至未来的智能（无人驾驶）汽车等，智能设备和产品持续快速增长。运营商、移动终端制造商、互联网企业和内容提供商纷纷推出各自的移动互联网战略，争夺庞大的移动互联市场，这使互联网和移动互联网不仅消除了时间和空间的限制，还创新了信息的收集来源和方式，构建了移动互联的数字世界。

与互联网的迅速发展相辅相成的是人们对数字经济的理解和认识的进一步深化。20 世纪 90 年代末，美国在全球引领了对数字经济的研究，美国商务部关注数字经济的经济影响和政策意义，这引发了经济学界和未来学家之间对数字经济是否颠覆了新古典经济学作为主流经济学框架的争议。同时，中国、韩国、新加坡等国家的经济崛起也改变了全球互联网发展格局，越来越多的国家和地区参与到数字经济的发展中。

（三）大数据开启的智能世界

"大数据"概念的快速流行反映了数字经济进入了新的发展阶段。其对政策的深刻影响也逐渐显现。然而，令人惊讶的是，仅仅几年之后，"大数据"已经成为全球热门的关键词，多个国家，包括美国、英国、法国、德国、日本、澳大利亚、加拿大、新西兰、新加坡等，纷纷出台了国家级的大数据战略。中国也不例外，已经确立了国家大数据战略，并发布了《促进大数据发展行动纲要》，明确将大数据视为国家级战略来部署和推动。

"大数据"之所以如此迅速流行，主要原因在于技术的快速商业化和人们对数据爆炸时代的需求。根据 Gartner（高德纳）技术成熟度曲线，大数据发展已经进入应用发展阶段，正在成为新一代信息技术产业的新兴增长点和支撑点。当前，技术创新和商业模式创新不断推动大数据在各行业的应用领域扩展，大数据产业化的范围和深度也在不断扩展。

大数据直接关联到数字经济新时代的核心，即通过海量且多样化的数据创造的价值。如果计算机打开了数字世界，互联网开启了虚拟世界，那么大数据有望与云计算、人工智能以及其他新兴技术一道开启通往未知智能世界的大门。大数据强调从庞大数据中提取价值，超越了传统的统计和计量方法，有望改变人类对经济和社会的认知方法。在这个新数字经济时代，唯一确定的是不确定性。

第二节　数字经济推动经济发展

"数字经济是新时代发展的重要特征，对实现新时代经济发展，优化经济发展结构具有重要的意义。"[1] 中国数字经济已经扬帆起航，正在引领经济增长从低起点高速追赶走向高水平稳健超越，供给结构从中低端增量扩能走向中高端供给优化。动力引擎从密集的要素投入走向持续的创新驱动，技术产业从模仿式跟跑并跑走向自主型并跑领跑全面转型，为最终实现经济发展方式的根本性转变提供了强大的引擎。

一、高速发展的信息基础设施基本形成

无时不在、无处不在的电脑网络是支撑数字经济的关键。目前中国无论是宽带用户规模、固定宽带网速，还是网络能力等信息基础设施基本建成，实现了连接网络的普及、服务享受的普及等。

（一）宽带用户规模的不断扩大

我国宽带用户规模的不断扩大是近年来我国信息通信技术快速发展的重要体现。固定宽带用户规模持续增长，我国有越来越多的家庭用户选择安装固定宽带网络，以满足高速互联网的需求。随着移动宽带用户规模迅速增长，智能手机的普及和移动应用的快速发展，越来越多的人选择使用移动宽带上网，以便随时随地获取信息和进行各种在线活动。而且，我国宽带普及率超过国际水平，越来越多的家庭能够享受到高速宽带网络带来的便利和福利。

宽带用户规模不断扩大充分体现了我国信息通信技术的快速发展和数字经济的蓬勃发展，这不仅为人们提供了更多的互联网服务和便利，也为数字化转型和创新带来了新的机遇和动力。随着5G技术的逐步商用和应用，宽带用户规模还将继续扩大，为我国经济社会发展注入新的动力。

（二）网络能力持续不断地提升

技术的不断进步，网络能力持续提高，表现在传输速度的显著提升。传统的非对称数字用户线路（ADSL）宽带正逐渐被光纤宽带所替代，因为光纤网络拥有更高的传输速度

---

①刘光妍. 新时代背景下数字经济推动经济发展的几点思考[J].商情,2021(17):23.

和更低的延迟，从而支持更快、更顺畅的数据传输，提供卓越的用户体验。此外，网络的覆盖范围也不断扩大，这进一步彰显了网络能力的不断提升。随着网络基础设施的建设和改进，越来越多的地区和人群得以接入宽带网络。不论是城市还是农村地区，网络的覆盖范围都在扩展，使更多人可以享受网络所带来的便捷和资源。

（三）固定宽带实际下载速率的提升

近年来，中国的固定宽带实际下载速率经历了显著的改善，呈现出令人振奋的发展趋势。其中，技术进步是一个主要原因。随着光纤通信技术的快速发展，我国已大规模建设了光纤网络，取代了传统的铜线网络，显著提升了宽带传输速率。此外，宽带接入技术，如 xDSL（x 数字用户线）和 DOCSIS（有线电缆数据服务借口规范）等，不断升级改进，为用户提供更快的宽带连接速度。

市场竞争也是固定宽带实际下载速率提升的关键因素。随着市场竞争的激烈，各宽带运营商竞相推出更高速的宽带套餐，以提供更快的下载速率，争夺用户市场份额，这种竞争促使运营商不断改进网络设备和技术，以满足用户对更高速宽带的需求。

在实际效果方面，中国的固定宽带实际下载速率取得了显著的改进。根据相关报告和数据，中国的固定宽带平均下载速率逐年增长。近年来，随着光纤网络的广泛普及和升级，许多地区的用户已能够享受到百兆甚至千兆级别的宽带连接速度，这使用户更快地下载大文件、观看高清视频、进行在线游戏等高带宽需求的活动，大幅提升了用户体验。

（四）网民规模与日俱增

我国网民规模与日俱增，表现出持续的增长趋势。我国网民的年龄结构呈现多样化趋势。不仅有大量的年轻人成为网民，还有越来越多的中老年人加入互联网的行列，这反映了互联网的普及和老年人对互联网的兴趣增加。

此外，我国网民的在线行为也呈现出多样化和个性化的特点。网民们在互联网上进行社交、购物、学习、娱乐等活动，并参与各种互动，形成了丰富的网络社区和文化。

二、数字经济成为经济发展的重要引擎

（一）推动实体经济转型升级

数字经济，作为一种综合性经济模式，具备强大的赋能效应。它不仅实现了自身的快速发展，还有助于推动传统产业优化资源配置、调整产业结构以实现升级和转型。其中，制造业作为国民经济的支柱，成为实施"互联网+"行动和数字经济发展的主要战场。

新一代信息技术正迅速与传统制造业全面深度融合，成为推动传统制造业数字化转型的重要动力。近年来，一些西方发达国家，如美国、德国等，已制定了国家战略，旨在加速制造业与互联网的深度融合，这些国家提出了多个先进制造伙伴计划，例如美国的多个先进制造伙伴计划、德国的工业 4.0 战略、英国的高价值制造、法国的新工业法、日本的机器人新战略以及韩国的 IT 融合发展战略等，这些计划均将制造业与互联网的融合发展作为重要的关注点。

国际领先的制造业巨头积极响应数字革命，同时越来越多的中小企业也借助融合技术实现了创新转型。例如，通用电气（GE）在印度普纳建设了一家高度数字化和柔性化的"多模式工厂"，将设计、产品工程、制造、供应链和分销整合成一个高效的智能数字网络，用以分析和优化机器和产品之间的大量数据，这一智能化设计显著提高了个性化定制产品的生产效率，使其能够同时生产航空发动机、发电设备、油气生产设备及其零部件。类似地，德国西门子的安贝格电子工厂通过数字工厂解决方案的应用，实现了产品设计、生产规划、工艺规划、生产执行和服务等各环节的数字化，使产品和工序的更改在一分钟内完成，提高了生产效率。

中国的制造业转型和发展已取得显著成果，数字经济与传统制造业的创新融合，不断催生出网络化协同制造、大规模个性化定制以及远程智能服务等满足市场需求的新业态和新模式。制造业的数字化、网络化和智能化水平也得到了显著提高。

（二）有效促进创业创新

在全球经济剧烈变动、人口结构改变及新科技加速变化等多种因素影响下，各国政府对创业的重视程度持续提高。各国为提升国家竞争力与就业机会，都积极出台鼓励创业政策，扶植新创企业强化产业竞争力。很多国家加大了对学生数字技能和创业培训的培养力度。例如，欧盟成员国从初等到高等教育都加入了创业观念。

在新一轮科技革命和产业变革的带动下，特别是在政府的大力推动下，我国正在数字经济领域形成新一波创业创新浪潮，创业企业、创业投资、创业平台爆发式增长，创业群体迅速扩大，创业创新在全社会蔚然成风。数字经济的发展孕育了一大批极具发展潜力的互联网企业，成为激发创新创业、带动就业的驱动力量。

依托充满活力的巨大市场和庞大的制造业体系，中国企业的创新能力不断提高。中国移动互联网在某些方面已经领先于美国，吸引硅谷开始从中国的微信、支付宝、滴滴等应用中寻求创意。

（三）有助于促进绿色发展

信息通信技术有助于节能减排，促进绿色发展。一方面，信息通信技术自身的发展有助于减少社会经济活动对部分物资的消耗，从而减少生产这些物资的能源消耗；另一方面，将信息通信技术应用于其他产业可以带来更大的节能效果。

信息通信技术能帮助全球减少 15%～40% 的碳排放，信息通信技术运用到其他行业所带来的节能量是其自身行业能源消耗的 5 倍。

（四）促进就业发展

数字经济的崛起激发了人类智慧，提升了人们的认知水平，显著促进了生产能力的飞速增长，并引发了产业结构的重大变革，对就业产生了显著影响。许多国家已将数字经济的发展视为促进就业的重要手段。

互联网的普及降低了交易成本，为那些难以找到工作或生产性投入的个体提供了更多机会，特别是对女性、残障人士和边远居民而言，获益匪浅。从就业方式的角度来看，雇佣者可以摆脱时间和空间的限制，获得更大的灵活性。就业地点不再局限于传统的工厂企业，而可以是虚拟网络组织；就业形式也不再仅限于传统的项目制或合伙制，而可以采用自由职业的方式，这使个体的价值更自由地得到激发、流动和共享。

从整体经济的角度来看，互联网对个体的最深刻影响在于提高了劳动者的生产率。通过将常规和重复性工作交由技术完成，劳动者能够专注于更有价值的活动。劳动者可以借助技术更快速地获取价格、资源和新技术信息，这不仅使成本更低，还减少了摩擦和不确定性，有助于提升公众的福祉。

数字化水平的提高有助于提升人们的幸福感，增进社会福祉，而数字化程度的提升速度与幸福感之间存在正相关关系。世界经济论坛对 34 个经济合作发展组织成员国的调查显示，每提高 10 个数字化程度的点数，可以使幸福指数上升约 1.3 个点。更重要的是，数字经济有助于缩小地区之间的数字鸿沟，从而提升更多边远地区居民的福祉。数字技术对日常生活的各个方面都产生了积极影响，包括购物、银行业务、娱乐以及人际交往。

三、数字经济在生产生活多个领域的渗透

针对当前的经济结构调整和产业转型升级趋势，中国数字经济也发挥着积极的推动作用。目前，工业云服务、大企业"双创"、企业互联网化、智能制造等领域的新模式新业态正不断涌现。

（一）渗透传统产业

数字经济正在逐渐渗透传统产业，推动着传统产业的转型和升级。以制造业为例，工

业机器人、3D打印技术等新设备和技术的广泛应用,正迅速改变中国制造业核心区域,如长三角和珠三角地区的生产方式,这一趋势的加速发展对传统制造业的影响十分显著。首先,工业机器人的广泛应用正在改善生产效率和质量,这些机器人能够自动执行重复性任务,减少了人力成本,并提高了产品质量的稳定性。生产厂家能够根据需求快速进行生产线的调整,从而更好地应对市场变化。其次,3D打印技术的兴起使得定制化生产变得更加容易。传统制造业通常面临大规模生产的挑战,而3D打印技术允许生产个性化产品,减少了库存和资源浪费,这种灵活性有助于制造商更好地满足客户需求。与此同时,新兴技术如大数据、云计算和物联网也开始在传统制造业中得到广泛应用。通过实时监测和数据分析,企业能够更好地管理生产过程,降低维护成本,并预测设备故障,这些技术的引入为传统产业带来了更高的智能化和自动化水平。

在智能制造方面,一些企业如海尔集团、沈阳机床、青岛红领等已经取得初步成功。它们在智能制造领域的不断探索和创新,为传统产业的升级树立了榜样。另外,一些中国制造企业如华为、三一重工、中国南车,凭借领先的技术和国际化视野,正在积极打造国际品牌,并逐渐进入全球产业链的中高端领域。

(二) 数字经济逐渐融入城乡居民生活

数字经济的迅速普及和发展使数字技术逐渐渗透城乡居民的生活,对其生产、消费、交流和娱乐方式产生了深远的影响。电子商务的兴起为居民提供了在互联网上购买商品和服务的便利途径。不论是城市还是农村,人们都可以利用电子商务平台,通过手机或电脑挑选商品、下订单并享受便捷的快递服务,这不仅改善了居民的购物体验,也缩短了购物时间,拓宽了他们的消费选择。

移动支付的广泛推广改变了居民的支付方式。借助手机支付应用,居民能够随时随地进行支付和转账,不再需要携带大量现金或银行卡。城乡居民均可方便地进行线上和线下支付,从而促进了交易的便捷性和安全性。此外,数字技术的发展还推动了在线教育和远程医疗等服务的普及。居民可以通过在线教育平台学习各种课程,而不受时间和地域的限制。远程医疗技术使医生能够通过视频会诊、远程监测等方式提供医疗服务,为城乡居民提供了更为便利的医疗资源。数字娱乐的多样化也深入城乡居民的日常生活。他们可以通过视频流媒体平台观赏电影、电视剧等内容,通过音乐流媒体平台欣赏音乐,通过社交媒体平台与朋友和家人保持联系,从而丰富了居民的娱乐方式。

(三) 数字经济正在改革治理体系

数字经济正在深刻改革治理体系,其所带来的新兴产业、业态和商业模式,凸显了传统监管制度和产业政策遗留问题的紧迫性，同时也凸显了新兴问题在数字经济发展过程中的显著性。数字经济的蓬勃发展推动政府部门积极改革市场监管和产业政策，以适应实际发展需求，这包括促进放管服改革、完善商事制度、降低市场准入门槛、建立市场清单制度、完善事中和事后监管机制，以及建立"一号一窗一网"公共服务体系，从而为数字经济的发展提供了有利环境。与此同时，数字经济的发展也促使监管体系不断创新和完善，例如制定新政策以规范网约车行业，加速电子商务立法，以及监管互联网金融等领域的发展，推动社会信用管理等。值得注意的是，数字经济为政府提升监管水平和服务能力提供了条件和工具，如大数据和云计算等信息技术的广泛应用。在"三期叠加"的大背景下，数字经济对经济增长的影响既涉及总量问题，也更加凸显结构性问题。供给侧结构性改革成为适应和引领新经济发展常态的主要创新方向。充分利用互联网的优势，推动数字经济的发展，有助于实现供求的有效对接，集聚创新要素，优化资源配置，从而解决深层次制约发展的问题。

第一，互联网显著提升了有效供给能力，这是供给侧结构性改革的主要方向。通过实施"三去一降一补"五大任务，可以减少无效和低端供给，扩大有效和中高端供给。互联网与传统产业如制造、物流和农业深度融合，促进了产业组织、商业模式和供应链管理的创新，显著提高了生产和组织效率，推动了传统产业的升级。同时，基于互联网的新技术、新产品、新模式和新业态蓬勃发展。互联网作为"大众创业、万众创新"的基础平台，激发了人民群众的智慧和创造力。

第二，互联网适度扩大了总需求，这对供给侧结构性改革至关重要。我国已经进入中等收入阶段，居民消费不断升级，定制化生产和销售能够更好地满足人们多样化需求。互联网进一步扩大了各融合领域的市场和消费空间，提供更高质量的产品、更便捷的服务、更多样的业态，增强了用户体验，优化了消费环境，积极培育了新型消费，挖掘了传统消费，发展了新的消费模式，激发了有效的消费需求。同时，"互联网+"行动和《中国制造2025》的实施，将有助于促进新一代信息基础设施的投资建设，推动智能制造和智能产品创新等"互联网+"重大工程的落地，扩大有效投资。

第三，互联网推动了供需平衡从低水平向高水平的跃升，这正是供给侧结构性改革的根本目标。它旨在提高供给的质量，以满足人民日益增长、不断升级和个性化的物质文化和生态环境需求。互联网的快速发展推动了供给结构向高端供给的发展，需求结构由基本需求向品质需求的转变，通过解放和发展社会生产力，通过改革措施推进结构调整，提高了供给结构对需求变化的适应性和灵活性，提高了全要素生产率。

第三节 数字经济赋能绿色金融发展

近年来，数字经济实现了经济由高速增长向高质量发展的转变，绿色金融与数字经济的融合提升了金融服务实体经济的效率，由此而知，数字经济的高渗透性在经济发展尤其是绿色发展中占据核心地位。"数字经济有利于激发绿色金融产品创新、数字经济有助于提高绿色金融效率、数字经济有利于提高资源配置效率，因此，在共同富裕背景下实现数字经济赋能绿色金融发展具有显著的现实意义。"①

一、绿色金融发展推进我国共同富裕

第一，共同富裕的理论逻辑。共同富裕理论的基础是高质量的经济发展，这是实现共同富裕、经济的可持续发展的逐渐演进的路径。因此，实现共同富裕需要高质量的经济增长，必须正确平衡效率和公平，并实现人的全面发展。首先，高质量发展是满足不断增长的美好生活需求的发展，同时也体现了新发展理念中的"创新、协调、绿色、开放、共享"。目前，我国经济已转向高质量发展，通过经济结构的不断优化，这为共同富裕奠定了坚实基础。其次，在推进共同富裕的高质量发展过程中，必须正确处理效率和公平的关系。尽管人民生活水平持续提高，但城乡收入差距较大，劳动者在初次分配中的报酬相对较低等问题仍然存在。因此，在高质量发展阶段，扩大中等收入群体，释放市场潜力，是实现共同富裕的必要步骤。最后，经济发展最终关注的是人的发展。共同富裕不仅包括物质层面的全面富裕，还包括精神层面的全面富裕。要实现物质和精神上的共同富裕，必须更加关注人的全面发展，这也是实现共同富裕可持续发展的重要前提。

第二，绿色金融支持生态环境建设。绿色金融是生态环境建设的重要支持力量，同时也为金融机构带来了新机遇。绿色产业的发展带来了巨大的资金需求，目前绿色债券、绿色基金、绿色保险等绿色金融产品在"碳中和"和"碳达峰"相关领域已经做出了重要贡献。随着我国绿色金融的不断发展，已经建立了多层次的绿色金融市场体系，包括绿色贷款、绿色债券、绿色保险、绿色基金、绿色信托和低碳金融等，这为我国的生态环境改善提供了资金支持。

第三，绿色金融在乡村振兴中的作用。绿色金融为乡村振兴提供资金支持，尽管乡村振兴已初见成效，但全面乡村振兴仍面临突出问题，特别是可持续性资金支持的不足。农

---

①何颖,胡磊.共同富裕导向下数字经济赋能绿色金融发展研究[J].上海商业,2023(5):94.

村绿色发展持续推进，绿色金融在增加农民收入、实现农民共同富裕方面发挥了重要作用。此外，绿色金融也为智慧农业、低碳农业等新型农业形态的发展提供了有效支持。

第四，绿色金融扩大了金融服务范围。随着普惠绿色金融理念的提出，绿色金融在小微企业和中低收入群体中的服务比例有所提升。在金融服务领域，农业生产和农村发展都得到了相应的金融支持。此外，绿色金融在推广普惠理念后，更多的低收入群体和中小微企业获得了长期的资金支持，为那些资本积累较薄弱的小微企业提供了一定的转型成本和发展空间。随着"双碳"目标的提出，各大银行也陆续制定并推出了自身的绿色金融服务政策，创新了交通运输、节能建筑、农业发展、城市公共交通、基础设施建设等多个领域的产品。总之，绿色金融从地域、期限和行业等多个角度扩大了金融服务的范围，增加了金融在实体经济发展中的支持作用。

二、数字经济助力绿色金融的机理

数字经济作为新的经济形态，其发展速度快、辐射范围广、影响程度深。在信息化和数字化对整个社会影响力这么强的时代，数字经济具有很强的渗透性。对绿色金融创新、绿色金融效率提升和资源配置方面都有重要推动作用。

第一，数字经济有利于激发绿色金融产品创新，从数据经济本身特征来说，具有极强的渗透性，能够实现高速的知识积累和外溢；从数字经济创造的经济环境来看，实现了经济规模效应，有效解决长尾效应。借助数字技术一方面降低绿色金融创新成本，另一方面在数字经济的稳定环境中提高绿色金融创新效率。

第二，数字经济有助于提高绿色金融效率，将数字技术融合到绿色金融产品和绿色金融服务创新中，促进了绿色全要素的生产效率提升，同时数字经济的大数据获取和运算能力，能够很好地解决绿色金融发展中的信息不对称问题，很大程度提高了绿色金融发展效率。

第三，数字经济有利于提高资源配置效率。数字经济作为一种新的融合经济形态，其数字化和智能化在生产要素结构和资源配置方面会提高资本回报率，对数字经济的发展起到促进作用，从绿色发展的角度来说能够提高绿色资本的配置效率。

三、数字经济赋能绿色金融发展困境

第一，数字经济技术与绿色金融融合度有待提高。近年来，我国持续在促进绿色金融科技的发展，依托现代数字化技术促进绿色金融发展已成为实现金融服务实体经济的重要支撑。目前绿色金融存在产品创新单一、市场上绿色金融同质化程度高等问题，随着绿色金融基础设施建设不断完善，数字化技术在加快跨区域绿色金融融合、在绿色金融风险管控、绿色金融监管的数字科技应用程度等方面赋能绿色金融发展还有待继续深化。

第二，数字经济赋能绿色金融的政策环境有待改善。近年来有关数字经济与绿色金融融合的政策法规不断出台，国家不断号召绿色金融要发挥金融服务的引导作用，持续支持绿色数据基础设施的建设。虽然数字经济赋能绿色金融的政策较多，但是在数字经济与绿色金融融合的过程中仍会受到政策环境的限制，政策执行滞后、信息披露不充分等现象依然普遍存在。

四、共同富裕导向下数字经济助力绿色金融高质量发展

第一，需要加深数字技术在绿色金融产品创新中的应用，这一举措旨在拓宽绿色金融产品的多样性，扩展其服务范围，并提高其质量，以满足投资者对绿色金融产品的需求，从而激发绿色金融市场的活力。

第二，金融科技的应用可以提高绿色低碳项目信息匹配的效率。虽然我国已经启动了碳排放权交易，但金融机构在获取授信企业相关信息方面仍存在问题。金融市场本身存在信息不对称，尤其是在绿色低碳项目中，客户画像的要求相当高。利用大数据和区块链技术等金融科技工具，可以精确获取授信客户的相关数据，从而解决信息不对称问题，这一方法不仅可以消除信息不对称，还能降低绿色金融项目的运营成本，提高产品产出比，最终增强金融风险管理的有效性。

第三，需要加快建设绿色金融监管数据体系，以提高数字经济在金融监管领域的渗透率，促进金融监管一体化平台的建设，并增强监管数据的时效性。尽管我国的绿色金融监管体系不断完善，但随着数字经济的发展，将数字技术应用于政策制定和顶层设计中，可以规范绿色金融新型产品的评估标准，更好地解决金融主体与授信单位之间的冲突，提高绿色金融支持效率。数字技术的高效便捷性还可以提高监管层在进行金融机构绿色金融监管工作时的效率，并增强数据的时效性。然而，由于我国各地经济发展水平存在明显的区域差异，不同地区在资源投入产出比、数字基础设施建设和数字人才力量方面存在差异。因此，在构建数字经济驱动的金融监管数据体系时，西部地区可能面临一些挑战。

第四节　金融科技赋能——服务数字经济发展

金融科技在服务数字经济发展方面发挥着至关重要的作用。数字经济，作为一个范畴，旨在借助数字技术和互联网基础设施进行各种经济活动，如电子商务、数字支付、大数据分析、区块链和人工智能等。因此，以下深入探讨金融科技如何在多个关键方面赋能

数字经济的发展，共同构建一个丰富的学术论述，旨在阐释金融科技在数字经济中的作用。

一、金融科技赋能——数字支付与金融包容性

第一，便捷的数字支付。金融科技已经彻底改变了支付方式，提供了一系列便捷的数字支付工具，包括移动支付、电子钱包和虚拟信用卡，这些工具不仅改善了个人和企业支付的便捷性，也为数字经济的发展创造了有利条件。便捷的数字支付，无论是在线购物、线下交易还是跨国交易中，都为消费者和企业提供了更灵活的支付方式。

第二，提高金融包容性。金融科技还在金融包容性方面发挥着关键作用。传统金融体系可能无法满足某些人群的金融需求，特别是那些生活在偏远地区或无法获得传统银行服务的人。金融科技的发展使更多人能够获得金融服务，无论是借贷、支付还是投资，从而推动了数字经济的普及，这种金融包容性的提高有助于降低贫困率，刺激经济增长，同时也减少了社会不平等。

二、金融科技赋能——大数据分析

第一，消费者和市场数据的收集与分析。金融科技公司运用大数据分析技术，积极收集和分析消费者和市场数据，这种数据驱动方法使企业更好地了解市场趋势、消费者需求和产品改进机会。通过分析庞大的数据集，企业能够更精确地预测需求，制定更具竞争力的定价策略，提供更符合消费者期望的产品和服务，从而更好地满足数字经济的需求。

第二，数据隐私与伦理问题。然而，随着大数据的应用范围扩大，涉及数据隐私和伦理问题。在利用大数据进行分析时，必须确保消费者数据的隐私和安全，这引发了对数据隐私法律法规和伦理准则的更多关注，以确保数据的合法和道德使用。

三、金融科技赋能——区块链技术

第一，去中心化的数字账本。区块链技术是金融科技中的一项革命性工具，它提供了去中心化的数字账本，可用于确保数字交易的安全性和透明性。通过区块链，数字货币得以实现，智能合同变得可能，供应链管理也变得更加高效，这为数字经济提供了更安全和高效的基础设施，有助于减少欺诈和增加信任。

第二，区块链的潜在挑战。然而，区块链也面临一些挑战，包括可扩展性、能源消耗以及法规和合规问题。为了充分发挥区块链的潜力，需要解决这些问题，以确保其在数字经济中的可持续性。

第二篇　金融科技的创新路径探析

第五章
金融科技的技术创新

第一节 金融创新及其技术基础

一、金融创新的认知

"现代社会，一切重大经济价值、经济增长均与创新有关，金融创新推动了金融发展，并促进了整个经济进步。"[1] 金融创新是各要素的新的结合、是为了追求利润机会而形成的市场改革，它泛指金融体系和金融市场上出现的一系列新事物、新的金融工具、新的融资方式、新的金融市场、新的支付清算手段及新的金融组织形式与管理方法等内容。金融创新是在金融领域引入新的思想、技术、产品、服务或经营模式，以提高金融业务的效率、降低成本、增加便利性，或满足不断变化的金融需求。

第一，技术驱动。金融创新通常是由新技术的引入和应用而驱动的，这些技术可以包括区块链、人工智能、大数据分析、云计算、物联网等，这些技术使金融机构能够提供更智能、高效和便捷的金融产品和服务。

第二，金融产品多样性。金融创新带来了各种新型金融产品的涌现，包括数字货币、P2P借贷、支付应用、金融科技平台等，这些产品提供了更多选择和便捷的方式来管理和投资资金。

第三，风险管理。金融创新也带来了新的风险，如数据隐私问题、监管挑战等。首先，数据隐私问题。随着金融数据的数字化，数据隐私问题变得尤为重要。客户的个人和财务信息需要受到严格的保护，以防止数据泄露和滥用。监管机构需要制定更严格的数据隐私法规。其次，监管挑战。金融创新往往超越了传统监管框架的范围。监管部门需要不断跟进新的金融产品和服务，确保它们符合法规，同时也需要监控风险，以维护金融系统的稳定性。

---

①李建军.金融科技理论与实践[M].北京:中国财政经济出版社,2021:334.

第四，金融普惠。金融创新可以改善金融普惠性，通过数字金融服务扩大金融包容性，这意味着更多人能够访问和使用金融工具，包括那些没有传统银行账户的人。首先，数字金融服务。数字金融服务通过移动设备和互联网为广大人群提供金融服务，这为那些无法前往银行分支机构或没有传统银行账户的人提供了金融工具的便捷途径，这种数字金融服务包括移动银行、电子钱包、小额信贷等。其次，金融包容性。金融普惠性不仅改善了个人的金融状况，还有助于社会的经济发展。通过为更多人提供融资机会，金融创新可以促进创业和投资，从而促进经济增长。

第五，法规和监管。金融创新必须在一定的法规和监管框架下进行，以确保金融系统的稳定性和保护消费者权益。监管机构需要与创新同步，以平衡促进创新和风险管理之间的关系。首先，法规框架。制定适当的法规框架对于金融创新至关重要，这些法规应该明确规定金融机构的责任和义务，同时也需要为新兴金融科技公司提供清晰的法律指导。其次，消费者保护。金融创新应该关注消费者权益。监管部门需要确保金融产品和服务的透明度，防止欺诈行为，同时也需要建立有效的投诉机制，以保护消费者权益。

第六，金融生态系统。金融创新通常会对整个金融生态系统产生影响，包括银行、保险公司、证券市场和支付系统等。传统金融机构需要适应这些变革，甚至有时需要与新兴金融科技公司合作。首先，传统金融机构。在金融创新浪潮中，传统银行和保险公司必须适应新的市场实际情况，它们需要投资于新技术，改进客户体验，同时也需要面对新的竞争。其次，新兴金融科技公司。新兴金融科技公司通过创新的产品和服务对传统金融机构提出了挑战，它们通常更加灵活，更好地满足现代消费者的需求。传统金融机构有时会选择与这些新兴公司合作，以实现双赢。

第七，持续变化。金融领域的创新是不断进行的，因为新技术和市场需求不断演化。金融机构和从业者需要保持敏捷，以适应不断变化的情况。不断地学习和更新技能将是金融从业者的重要任务之一。

二、金融创新的技术基础

随着全球互联网的广泛普及，商业和金融活动在互联网上呈逐渐增多的趋势。这是因为互联网提供了便捷、高效的平台，同时信息的丰富度逐渐增加，入网费用逐渐下降，吸引越来越多的金融机构积极参与其中。新技术的广泛应用显著降低了创新的平均成本，从而使创新能够充分发挥规模效应，提高规模报酬，相对增加金融创新的收益。这是世界各地对金融技术创新热情高涨的重要原因。此外，技术进步也为金融创新提供了新的资金来源和业务机会，创造了新的市场，为金融家提供了寻求潜在收益的途径，激发了多种与电子技术相关的创新。

第一，互联网的便捷性与高效性。互联网的便捷性与高效性是金融创新的技术基础之一。随着全球互联网的广泛普及，金融机构开始利用互联网构建数字化金融平台，以提供各种金融服务。这种数字化转型使金融交易更加便捷，客户可以随时随地访问他们的账户、进行转账和投资，无须前往银行分支机构或券商公司，这不仅提高了客户的满意度，还降低了金融机构的运营成本，从而提高了效益。互联网还提供了高效的金融交易平台。传统金融交易可能需要耗费大量时间和资源，但在互联网上，交易几乎可以瞬间完成，这种高效性使金融市场更加具有吸引力，吸引了更多的投资者和交易者参与其中。金融机构也可以更快地响应市场变化，制定更为灵活的策略，以适应不断变化的市场条件。

第二，丰富的信息资源。互联网的信息丰富度是金融创新的另一个重要技术基础。互联网上的信息几乎无限，金融机构可以获取各种市场数据、经济指标、分析报告和客户信息。这些信息可用于更好地理解市场趋势、客户需求和风险管理。金融机构可以利用大数据分析和人工智能技术来挖掘这些信息，以制定更为智能的决策和提供更个性化的金融服务。另外，互联网上的信息共享也有助于金融创新的合作和合作伙伴关系的建立。金融机构可以通过数据共享与其他企业和创新公司合作，以开发新的金融产品和服务。这种合作可以加快创新的速度，为客户提供更多选择。

第三，成本的显著降低。新技术的广泛应用在金融创新中发挥了关键作用。随着技术的不断进步，金融机构能够降低创新的平均成本。传统金融创新可能需要大量的资金投入，而且风险较高。然而，在互联网时代，很多金融创新可以较低的成本实施，因为许多创新依赖于数字技术和云计算，这些技术可以降低硬件和软件成本，这一降低成本的趋势使金融创新能够更加广泛地应用于不同领域。金融科技初创企业可以通过相对较小的资本投入，迅速开展业务，并提供新的金融产品和服务。这降低了市场准入门槛，促进了创新的竞争和多样性。

第四，规模效应与规模报酬。新技术的广泛应用还有助于金融创新充分发挥规模效应和规模报酬。互联网为金融机构提供了跨足全球市场的机会，使其能够为更多客户提供服务。随着客户基数的扩大，金融机构可以更好地分摊固定成本，提高效益。规模效应还可以通过合并和收购来实现，以创建更大、更强的金融机构。这些机构可以更好地应对市场风险，并为客户提供更多选择。同时，规模报酬还可以通过自动化和数字化流程来实现，降低人工成本，提高效率。

第五，新的资金来源与业务机会。技术进步为金融创新提供了新的资金来源和业务机会。投资者、风险资本家和天使投资者愿意投资金融科技初创企业，以支持它们的创新项目。这为初创企业提供了融资的机会，帮助它们实现快速成长。此外，技术进步也创造了新的市场。数字货币、区块链技术和智能合同等新兴技术正在改变传统金融市场的格局，为金融创新提供了更多的可能性。金融机构可以积极探索这些新的领域，以开发创新的产品和服务。

第六，电子技术相关的创新。技术进步激发了多种与电子技术相关的创新。移动支付、人工智能、大数据分析和云计算等技术正在改变金融业务的方式。移动支付使交易更加便捷，人工智能可以提供更个性化的金融建议，大数据分析帮助金融机构更好地了解客户需求，云计算降低了基础设施成本。这些创新不仅改变了金融机构的运营方式，还为客户提供了更好的金融体验。客户可以更轻松地管理财务，获取个性化的金融建议，并享受更低的交易成本，这些创新也有助于提高金融机构的竞争力，吸引更多的客户。

第二节　面向金融科技的深度学习技术

"金融的核心是在不同时间、不同空间的价值交换。金融在国家经济建设和社会发展的过程中发挥着不可或缺的作用，同时金融数据也是展现市场表现最直观的形式。"[1] 20世纪，人工智能技术开始应用于金融领域以推动金融行业的发展，技术革新成为金融创新的重要推动力，技术和金融的融合体——金融科技应运而生，金融科技的浪潮席卷全球。金融科技的核心是利用数据科学和人工智能技术推动经济和金融业务向智能化、个性化方向发展，从而提升金融系统的效率、客户体验、风险控制水平以及优化成本和效益等。

金融领域中的数据包括文本、视频、音频和时间序列数据等，这类数据往往具有高噪声、高维度、时间依赖等特点。早期金融市场的分析建模方法主要为传统机器学习方法，主要包括马尔可夫模型（MM）、支持向量机、逻辑回归（LR）、线性回归模型（LRM）、随机游走模型（RW）、向量自回归模型（VAR），以及神经网络（NN）等方法，它们常被用作与新的学习模型进行比较的基线。

随着深度学习的蓬勃发展，深度学习技术已广泛应用于各个领域，如图像识别、自然语言处理、医药生物以及金融等领域，并取得了瞩目的成果。深度学习在金融市场上的应用，主要是利用股票、货币、商品以及衍生品等交易数据来预测未来市场趋势，这些金融时间序列通常是非线性、不稳定和具有高噪声的数据，因此如何有效地建模金融时间序列信息以更好地预测市场规律是一个巨大的挑战。

一、深度学习应用于金融科技的框架

深度学习应用于金融科技行业的主要研究流程框架包括：数据集选择、数据预处理、

---

①周帆,陈晓蝶,钟婷,等．面向金融科技的深度学习技术综述［J］.计算机科学,2022,49（S2）:20.

模型性能评估。

(一) 数据集选择

金融市场预测的第一步是选择学习模型的输入数据,这决定了预测模型的可行性。金融数据大致分为七类,包括历史市场数据、技术指标、文本数据、财务报告、宏观经济数据、财务比率和图像数据。

金融风险评估涉及公司/个人的财务信息,其中公司财务信息包括息差、恢复率、行业和地区等,个人财务信息包括年龄、债务比率和月收入等。检测信用卡欺诈行为时研究人员往往选择历史交易信息作为输入数据,该信息包含用户基本信息、交易信息和行为记录等。

历史市场数据、技术指标、宏观经济数据、财务报告和财务比率都属于结构化输入数据,这类数据通常以表格形式呈现,其特征或属性可以描述为表格的某一列。非结构化数据,如金融新闻、社交媒体、搜索引擎中的文本数据以及图像数据,须通过预处理转换为数字信息才能用作模型的输入和训练。

(二) 数据预处理

由于金融数据包含许多历史数据点,这些数据本质上是非线性、高维和高噪声的,这些特性致使模型难以对该数据进行分析和建模。数据预处理可以过滤数据集中不相关的特征和噪声,降低数据的复杂性,使金融数据能够用于建模,进而提高预测模型的准确性。金融科技领域常用的数据预处理技术如下。

第一,数据插补和纠正。将金融数据输入模型时需要考虑具有不同采样频率的市场数据、收益和利润率等基本面数据的一致性。为避免过程中遗失重要信息,可以将采样频率较低的数据按照从上一有效观察值到下一有效观察值向前传播的方式依次进行插值或补全。

第二,数据降维。金融市场的预测受到众多因素的影响,如动态随机的市场条件和各种错综复杂的环境因素等。若直接使用原始的高维数据会导致算法复杂程度高,且会干扰预测结果,降低准确性,因此降低原始数据复杂性的同时尽量保留住原始数据特性就至关重要。常见的降维技术有数据分割、主成分分析、度量学习和数据聚类等。

第三,数据去噪。金融市场数据中的噪声会导致预测误差较大,通过数据降噪技术可以减小噪声数据的影响,如使用聚类等常用去噪技术。

第四,数据规范化。数据规范化包括归一化和标准化。特征归一化指将所有特征值缩放到 [0,1] 或 [-1,1];特征标准化指将所有数据缩放为均值为0、标准差等于1的数据。规范化后的数据作为深度学习模型和数据挖掘模型的输入，可以避免原始数据中较大值对模型训练过程的影响，从而提高模型的鲁棒性和效率。

第五，特征提取与选择。特征提取过程是从高度随机的金融数据中学习到包含数据本身的原始属性以及隐式时序依赖关系的特征。特征选择目的则是从提取到的所有特征中选择有重要意义的特征输入模型进行训练，这个过程也会降低特征的维数和算法复杂性。

（三）模型性能评估

在整个框架中，判断模型的性能表现并根据结果不断地对模型进行优化和改进不可或缺。金融科技预测模型的评估指标分为三种类型：回归任务指标、分类任务指标和其他指标。

第一，回归任务指标。回归任务指标用于衡量预测的时间序列与实际时间序列之间的接近程度。常用的度量标准包括平均绝对误差（MAE）、平均绝对百分比误差（MAPE）、均方误差（MSE）、均方根误差（RMSE）以及归一化均方误差（NMSE）等，这些误差指标的值越小，意味着预测结果越准确。

第二，分类任务常用指标。分类任务的评估指标用于衡量在资产价格趋势预测上的表现。常见的度量指标有方向预测准确性（ACC）、马修斯相关系数（MCC）、精确率（pre-cision）、召回率（recall）、F-值以及接收者操作特征曲线（ROC）和曲线下面积（AUC）等。ACC是正确预测在预测数据总数中所占的比例。MCC则用于描述二分类任务中实际分类与预测分类之间的相关系数。精确率指正确预测为正的样本占全部预测为正的样本的比例。召回率反映的是正确预测样本占正确样本的比例。F-值对精确率和召回率进行了加权平均。ROC曲线是以真阳性率为纵坐标、假阳性率为横坐标绘制的曲线。AUC是ROC曲线下的面积，通常AUC值越大的分类器，分类越准确。

第三，其他指标。其他指标包括评估交易模拟结果，即采用的交易策略是否具有利润或风险。常用总收益、年化收益率、投资组合价值、夏普比率（SR）、最大回撤（MDD）等作为衡量指标。在金融领域中，总收益指自投资以来总共获得的收益，年化收益率为投资一年所获得的收益，投资组合价值即全部买入的资产价值的总和。夏普比率是综合考虑收益和风险的指标，通过调整投资风险来衡量投资绩效的常用方法，该方法的好处是即使风险不同，也可以比较不同的收益。最大回撤代表了资产价值最大可能的跌幅，可以用于评估风险。

二、深度学习在金融科技中的应用

根据预测目标的输出是一个或多个连续的数值还是一组有限的类，即特定价格还是价格走势，将现有的深度学习技术在金融领域中的研究分为预测任务和分类任务，以及金融文本等。

（一）预测任务

1. 股票价格预测

股票价格预测旨在为投资者提供正确的投资咨询服务以及投资建议，是当下金融科技领域一个重要的研究热点。股票交易涉及跨时间的价值交换，并和未来盈利或亏损状态相关联。预测股票价格的最大问题是股票原始时间序列是动态的、非线性的、高维的、非参数的和高噪声的，因此预测股票价格是极具挑战的。根据预测时间范围，需要动态选择输入参数，包括高频交易和日内价格变动到每日、每周甚至每月的股票收盘价。此外，技术面分析、基本面分析、社交媒体反馈和投资者情绪也是用于股票预测模型的不同参数。研究者通过将预测出的股价与实际股价进行对比，并利用 MSE、RMSE、MAE 以及 NMSE 等指标来衡量模型预测股票价格的准确率。股票价格预测的核心是设计一种预测准确率高的模型。随着研究的深入，深度学习技术应用于股票预测由最初的单个模型发展到越来越多地使用集成模型并用于股市预测。

2. 外汇汇率预测

随着经济全球化，汇率变化的不确定性很容易造成货币危机，甚至金融危机。对国家而言，汇率预测可以为指定合适的汇率政策提供指导意见，从而避免或减轻汇率波动对国内经济的不利影响。对于个人投资者而言，准确的汇率预测可以帮助投资者及时调整投资策略，降低资产风险，并获取更多利润。

3. 大宗商品价格预测

有许多研究关注一些贵金属商品如黄金、白银和铜的价格预测，还有部分研究关注能源商品如天然气、碳、电和石油的价格预测，具体如下。

（1）贵金属商品。在商品价格预测中，输入深度学习网络的变量包括单变量和多变量两种形式。单变量输入即仅将历史价格数据作为深度学习网络的输入，多变量输入即除历史价格数据外还将其他影响价格的变量作为模型的输入。

（2）能源商品。原油和电力的价格预测是能源商品价格预测中研究最为广泛的。

4. 投资组合管理

在金融市场中，个人投资者通常希望了解他们所投资资产的收益率变化、未来发展趋势，以及采取哪些措施来实现最佳的投资组合。投资组合管理是一个涉及决策过程的领域，通常与股票和货币预测相结合。在这个过程中，需要将资金分配到多个不同的金融资产中，通过不断调整分配比例来追求最大化回报并降低风险。因此，将预测模型纳入投资组合管理在金融投资中具有广泛的应用前景。

（1）使用单一深度学习模型进行投资组合管理，特别是深度强化学习（Deep Reinforcement Learning，DRL），这种方法允许模型与外部环境互动，自主学习，并做出决策。在深度学习模型中，DRL能够有效地与外部环境交互，根据环境情况采取行动，以最大化潜在利润。此外，它还具备深度学习的自学习能力和强化学习的决策能力，因此，DRL是目前最适用于投资组合管理的模型之一。

（2）采用混合深度学习模型来进行投资组合管理，这种方法旨在解决金融市场的动态性和环境描述的挑战。其中，引入了一种名为"结构增强深度神经网络"（RDNN）的新型神经网络结构，它结合了深度神经网络和强化学习。RDNN可以自动感知金融市场的动态情况，进行特征学习，同时通过强化学习来做出交易决策。

5. 波动率预测

金融资产的波动性预测是在目标时间段内预测金融资产价格的波动程度并衡量不确定性或风险的程度，在风险评估和资产定价方面至关重要。通常，较高的波动性表示较高的市场风险，直接影响金融市场的稳定和宏观经济。预测波动性的方法主要包括深度学习方法和传统机器学习方法，其中传统机器学习方法使用得较多。

6. 加密货币价格预测

加密货币价格飙升和暴跌之间的高波动性和快速过渡对预测加密货币价格构成了巨大挑战。随着加密货币市场的蓬勃发展，可能影响全球金融市场的稳定性，因此在最近几年吸引了众多研究者的关注。对加密货币的研究大多集中在价格预测和交易策略方面。与股票价格预测相比，关于加密货币价格预测的研究较少，而且这些研究中大多没有考虑文本信息对预测的影响。

（二）分类任务

1. 趋势预测

预测资产的未来状态一直是金融市场投资者的焦点。由于资产价格波动频繁且具有非线性特点，因此一些研究工作将资产价格的预测问题转化为二分类问题，通过判断价格是否超过某一阈值来确定价格的上涨或下跌趋势，这相对于直接预测具体资产价格更容易实现。

2. 风险评估和欺诈检测

风险评估包括破产预测、信用评分、信用评估、贷款/保险违约预测、债券评级、贷款申请、消费者信用确认、企业信用评级、抵押贷款选择决策、财务困境预测、逃税漏税预测等。由于企业和银行高度依赖这些风险评估措施来确保安全和稳健，因此准确识别风险状态至关重要。许多研究人员已将深度学习应用于风险评估，以提高准确性。

（三）金融文本

随着社交媒体、实时新闻等在线平台的迅速发展，用户现在能够以自然语言表达对资产、服务或其他相关因素的态度和观点。然而，由于这些观点以自然语言的方式表达，机器系统在理解新闻和网络消息的含义以及将其与资本市场联系起来的方面面临着巨大挑战。近年来，自然语言处理技术已经开始在金融科技研究中得到应用，其中一些研究使用文本挖掘技术来进行情感分析、观点挖掘和事件提取，这推动了非结构化文本数据成为金融市场预测的重要信息来源。

1. 金融文本挖掘

在信息分享平台，即在线社交网络中，包含了大量的信息。然而，与金融市场相关的在线内容在质量、可靠性和全面性方面存在显著差异，其中很大一部分是低质量的新闻、评论，甚至是虚假信息。因此，如果要使用这些信息来预测金融市场的走势，就必须筛选出相关且可信赖的高质量信息。在这方面，文本挖掘技术结合深度学习是改善预测结果的一个重要途径。以下根据文本处理粒度（词、句、段、文档）进行总结分析。

（1）词嵌入。运用词向量技术从路透社和彭博社的财经新闻中提取有效信息，将其作为模型输入。由此可见，一方面，将从新闻文本中提取的特征输入模型可以提高分类准确度。另一方面，采用了基于字符级嵌入的语言模型预训练的长短期记忆（LSTM）神经网络，以探索金融新闻对公司股票价格的影响。研究结果表明，与其他模型相比，基于LSTM的字符级别模型具有更低的复杂性，但表现更好。

（2）句子和段落嵌入。词嵌入可以捕获单个词的含义，但难以捕捉上下文信息，因为文本的含义并不总是单个词的简单叠加。因此，学者们开始尝试捕捉更大文本块的含义。在句子向量技术方面，通常应用于银行和公司的财务风险分析。

（3）文档级别。在文档级别，大多数研究人员将金融文章视为一个整体，并进行主题和事件提取分析。他们将金融文章的语义分解成多个主题，或者根据定义的事件类型和角色对象提取有关事件的结构化信息，以便系统理解新闻和网络消息的含义。

2. 金融情绪分析

金融情绪分析也是金融科技领域的重要研究内容，大多通过统计社交媒体、金融新闻和评论等文本数据中情感词出现频率，或对不同类型的情感词赋予不同的权重来计算情感值得到文本的情感倾向性，从而挖掘公众情绪和用户观点（尤其是负面观点）。正面评价增加表示该公司状况良好，股价可能上涨，反之亦然。金融情绪分析最初被定义为二分类问题，但是随着研究的深入，衍生了细粒度的情感分类，即将用户情绪分为多种类型。金融情绪分析有利于个人在股票交易时做出明智的决定，同时相关机构可以利用这些信息来预测未来公司收益和股票波动情况。金融文本情绪分析方法大致可以分为基于词典的情感分析方法和基于机器学习的情感分析方法。

（1）基于词典的情感分析方法。基于词典的情感分析方法一般先将特定的意见词或短语提取出来，然后在该领域的意见词典中查找其代表的情绪，最后通过平均或求和相关的分数来组合它们各自的语义方向，从而决定文本的整体情感，这种方法的优点是不需要收集数据和训练数据，而它的缺点是需要该领域的意见词典且不具有处理上下文相关词的机制。

（2）基于机器学习的情感分析方法。基于机器学习的情感分析方法通常是把文本情感分析作为分类任务进行处理，通过从文本数据中提取特征构建分类器并进行训练和实现情感分类。基于机器学习的方法比基于词典的方法更耗时且成本更高，但分类准确率通常高于基于词典的方法。

三、深度学习在金融科技中的研究趋势

第一，金融数据的数据增强以及多模态学习。深度学习模型在金融领域的应用可以提高预测的准确性，但是深度学习模型需要依赖大量数据来学习和训练，然后做出决策。因此可以通过数据增强技术，确定更多数据是否有助于解决金融业务中的数据复杂性问题，带来更好的数据挖掘和预测性能。从前面总结的表格中可以看出，文献的输入数据集中在历史时间序列数据和新闻文本上，未来的工作可以侧重于多模态学习和多视图学习等方面。

第二，大规模金融数据预处理和预训练。不少研究验证了数据集中类别平衡性和数据规范化的重要性。数据规范化能够提高深度学习模型输入数据的质量，有助于构建稳健且可操作的金融科技。另外，选择输入数据中与金融相关且最具代表性的特征作为输入以减少输入数据维数，从而提高训练速度和鲁棒性。在金融领域中，标签数据稀少，以致大多数金融文本挖掘模型往往不能直接利用深度学习技术。针对此问题，预训练模型能够更有效地捕获金融文本数据中的语言知识和语义信息，并且与深度学习技术结合可以较为简单并显著提高整体预测性能。更重要的是，预训练技术可以借助大量额外的数据进行表征学习，从而提高下游金融任务的学习表现。因此，使用预训练模型也是金融科技领域未来的一个重要研究方向。

第三，模型和算法改进。深度学习技术在大数据分析中已取得了巨大成功，但在训练数据有限时，需要更强大的模型来实现更强的学习能力，因此探索新的深度学习算法在金融领域的应用至关重要。最近几年，一些研究者尝试将新的深度学习模型应用于金融数据挖掘。例如，将在数据增强方面取得成功的生成对抗网络（GAN）模型应用于金融领域；利用迁移学习解决跨市场分析问题；探索 DRL 在算法交易系统中的应用；将图神经网络框架应用于多元时间序列预测；探索对未知网络类型的泛化能力；将转换器模型（Transformer）应用于金融文本情绪分析等。可以预见的是未来会有更多新的深度学习模型应用于金融领域，探索优化组合的集成深度学习模型，以及将其他领域技术发展应用于金融数据分析。另外，改进现有深度学习模型，例如解决模型训练过程中过拟合和欠拟合问题。一般情况下更深的神经网络模型或神经元可以减小误差，迭代次数的增加有助于解决欠拟合问题；更大的输入数据以及规则化数据有助于缓解过拟合问题，未来还需要进一步研究如何在复杂金融市场数据分析中平衡过拟合和欠拟合及其负面影响。

第四，可解释性。深度学习模型作为预测模型性能是非常优秀的，但由于难以解释预测结果，它通常被作为"黑箱"模型。如果能对深度学习模型的预测结果和模型的运行规则给出合理的解释，随后有方向性地进行优化，将可以减少大量不必要的工作并提升模型的可信度，这对其在金融领域的应用会有很大的帮助。

第五，通用金融科技框架。在各深度学习模型结构中，提炼出适用于金融市场分析与预测的通用框架或规律性方法，总结各种模型和方法的普遍性，从而进行算法和模型的模块化应用。目前，还缺少适合于金融科技的通用深度学习框架和大规模应用的开源平台，这个方向的研究将有助于从整体上推动金融科技的发展，也是值得深入研究的方向。

第六，金融科技应用创新。在可预见的未来，投资组合、算法交易、风险评估以及加密货币和区块链技术可能会继续占据金融科技领域的主导地位。一个值得思考和研究的方向是探索深度学习在金融领域的新型应用。例如，采用计算机视觉等方面的深度学习技术来对金融市场中诸如图表之类的类型更丰富的数据进行分析和处理；尝试利用深度学习提取深层文本信息的能力自动生成金融研报；利用深度学习捕捉信息（特别是尾部信息）的能力在风险管理方面进行应用探索；利用深度学习技术完善金融体系结构和监管体系；加快提高资金配置的能力和金融创新能力等。

金融市场对投资者和研究者有巨大的吸引力，深度学习是推动金融科技发展的关键技术。目前，研究人员和机构做了大量的工作探索如何利用深度学习模型在金融大数据上进行可靠的数据挖掘工作。

第三节　金融科技结合的不同路径创新

一、金融科技结合的生态环境分析

（一）金融基础设施

"金融基础设施是指为各类金融活动提供基础性公共服务的系统及制度安排，在金融市场运行中居于枢纽地位，能够为金融市场的高效运行提供基础性保障，能够在实施宏观审慎管理和强化风险防控时提供着力点。"①

就金融科技而言，数据是其核心，也是进行数据分析的底层架构。人工智能利用数据挖掘技术对底层的数据进行分析，进而设计出满足人们个性化需求的新产品，并将新产品提供给有信用的人，人们在消费新产品的过程中进行支付清算。金融科技在运营的过程中，又会出现种种问题，需要金融监管部门进行监管。基于此，本书认为金融科技所涉及的基础设施主要有以下四类。

1. 信息基础设施

信息的收集是金融科技发展的前提。手机等智能终端的出现为金融科技的发展提供了载体，生物识别技术和各种传感设备的发展为记录信息提供了可能，互联网的发展则聚集了众多用户，为线上服务的开展提供了应用空间，云计算的运用则提供了数据存储、计算的基础能力。

数据的分析拉长了金融科技的应用链条。大数据技术最初从信息的简单整合与数据架构发展到如今多维度的大数据分析与决策，风控、场景化等方面均以大数据为基础进行分析。人工智能领域广受关注的深度学习算法瓶颈的突破使人工智能技术进入大规模的实用阶段，账户与身份有效关联，对用户的偏好、违约概率能够进行识别分类决策，而且人工智能技术和智能终端联合运用能够追踪市场动态、整合信息碎片，降低交易风险、提高运营效率。也就是说，金融科技的发展为信息基础设施提供了充足的发展动力，扩大了信息基础设施建设的规模，完善了信息基础设施。越来越多的金融活动信息以大数据、人工智能等新兴方式记录下来，并运用指纹解锁、虹膜等生物识别技术，精准地定位并收集不同阶段、不同类别金融领域用户的使用偏好信息。

---

①刘变叶,张雪莲,郑颖,等．金融科技结合的路径创新[M].北京:中国经济出版社,2021:87.

2. 征信基础设施

金融的核心是信用，而征信是获取信用信息的重要渠道，也是重要的信用基础设施。数据库建立初期，由于正确评估信用主体的征信水平需要全面了解信用主体各方面的信息，并要能够在繁杂的信息中总结归纳出规律，所以最初信用信息基础数据库存在信息不充分、信息隐瞒、对大体量信息处理困难、维护成本高昂等问题。

金融科技的发展改变了传统的金融生态，虚拟的网上服务覆盖到"长尾人群"，传统的征信体系不再能够满足新时代发展的需要。网络的虚拟性致使部分人群更易产生道德风险，新的征信体系的产生显得尤为迫切。

金融科技征信是对征信主体在互联网上的相关信息进行收集整理，利用有关模型对征信主体进行信用评价并使用的过程。大数据实现了对个人信息的全面收集，是对传统征信体系的补充，区块链技术的去中心化分布、不可溯源篡改是系统高度安全可信的保证。

金融科技征信类别按照服务对象可以划分为个人征信和企业征信。

（1）个人征信。金融科技个人征信平台是在网贷乱象频出的背景下出现的。中国人民银行公示百行征信有限公司（以下简称"信联"）的个人征信业务申请。信联由中国人民银行牵头，主要股东包括九家机构，其中不乏我们熟知的公司，如芝麻信用、腾讯征信、考拉征信等，其数据量庞大且数据质量较高，这也说明信联对我们个人生活的各方面都将有所掌握，标志着国家层级的金融科技个人信用基础数据库成立。

（2）企业征信。企业征信发展相对滞后，目前还没有专业的、全国性的金融科技企业征信平台，进行企业信用查询主要利用中国人民银行征信中心的数据。目前，有大量的金融科技公司积极涉足企业征信，但多是地方政府主导或者企业自发进入。各金融科技公司对企业信用的评价有各自的标准体系，这也导致评价结果因标准不一而有所差异。缺乏顶层设计的金融科技企业征信平台，很难借助先进的金融科技技术建立起跨区域、跨领域、跨部门的金融科技企业征信平台。

3. 支付清算基础设施

支付清算是现代金融运行的核心，当前金融科技技术在支付清算领域的主要应用有：大数据与云计算、人工智能和区块链。大数据与云计算能够实现数据的存储和清算数据的集中，将系统架构由传统的内部基础架构转变为大型网络的云架构，减轻业务量的剧增对内部电子计算机承载能力的压力；人工智能能够进行智能认知和智能预测，使清算系统的操作者的体验优化，同时，人工智能可以对清算数据进行分析，为操作者的决策提供支持；区块链和智能合约联系在一起，提高支付和清算效率。

具体而言，支付清算分为金融交易的支付和金融交易支付后的清算处理。支付清算有标准的业务数据接口，能和各种资金收付渠道、各类交易系统、财务系统进行联结，实现信息交互，对交易指令进行管理。银联交易系统、SWIFT（环球银行金融电信）网络、超级网银、主要外币支付清算系统等各类清算组织及其业务系统，有计算交易双方财产的义务，并进行最终的资产转移。

随着云计算、大数据、人工智能、区块链等新兴技术在支付清算领域的应用，支付清算行业也迎来了诸多发展机遇，并呈现出新的变化：市场参与者、支付种类和方式逐渐呈现多元化的特征；支付不仅与商品服务场景融合，还与其他金融服务融合；人们生活水平的提高和消费观念的转变给跨境支付市场带来了很大的发展潜力。金融科技对中国支付清算基础设施的影响在跨境支付方面的体现尤为明显，电子支付的形式打破了时间和空间的限制，使跨境支付条件越发宽松，支付方式越发快捷高效。中国的"一带一路"倡议成效显著，与沿线各国建立了密切的联系，促进了人民币全球清算体系的完善。与此同时，在金融科技发展的背景下，支付清算业务的边界变得越来越模糊，无形地增加了金融领域的风险，中国支付清算基础设施面临着信息保护、资金安全和业务连续性等方面的挑战。

4. 监管基础设施

金融科技的发展推动了普惠金融，提高了金融资源的配置效率，但也给金融发展带来了一系列问题。

金融科技的发展对金融机构的组织形式产生影响，产生了"去中心化""去中介化"以及"网络化"。金融活动在通过市场网络进行时，风险的传导更加复杂，创新的高频度使监管滞后较严重，风险积累，其风险外部性扩大。

金融科技能够服务传统金融覆盖不到的次优客户群和劣质客户群，这些人群也往往属于金融弱势人群。一方面，他们的道德风险发生率高；另一方面，一旦金融科技平台型公司运营失败或发生网络安全事件，风险涉及人数更多。

金融科技机构从事金融相关业务时，由于理性经济人原则，可能会扭曲公平竞争。例如，金融科技公司控制的信用平台，可能会通过赠送红包、在关联电商平台上消费提高信用分等措施吸引客户，干扰市场秩序。在这个过程中也存在隐私外泄问题，如指纹的输入、刷脸技术、通讯录的读取等。

（二）金融信用环境

信用是金融体系的核心，金融活动基于信任得以运行。社会信用的优劣直接决定了金融生态环境的好坏。金融科技的发展使金融的运作模式、组织形态等变化加快，对金融的稳定性产生了冲击，信用的制度安排显得尤为重要。

整体看来，中国的金融科技信用环境较差。金融科技的诞生和信息技术结合在一起，高科技带来优势的同时也带来了复杂性。金融科技借助于互联网技术，让陌生人之间的直接资金融通成为现实，但信用信息的整合还不够完善，信息共享的程度和范围如何确定还是个值得商榷的问题。

1. 信用法规体系逐步完善

金融活动的规范性对经济健康发展的重要性不言而喻，用法律法规规范金融活动能够优化金融科技的信用生态环境。目前，我国金融科技的信用法规体系逐步完善，从设想到架构再到具体实施，一步一步进行。

关于建设社会信用体系，要强化信用意识，建设信用制度，并明确信用体系建设的指导思想、目标和原则，提出要加快征信体系建设，建立金融业统一征信平台，培育信用服务市场。

2. 信用评级行业初具规模

信用评级是债券市场的软环境，能够解决信息不对称问题，降低投资者挑选债券的交易成本，降低融资者发行债券时的融资成本，确保债券发行顺利进行。我国信用评级市场是伴随着企业债券的出现而起步的。最初，信用评估机构是由中国人民银行系统组建的。20世纪90年代，随着我国债券市场的扩大，国家发布了一系列法规条例，要求企业发债必须先进行信用级别评定，中诚信、新世纪、大公国际等社会信用服务机构随之成立。

信用评级机构如果还按照传统的信用评级模式，依然采取人力评级，那么就会产生信用评级效率较低、人力成本过高等问题。在这种情况下，我国信用评级机构基于大数据，开始探索利用金融科技手段进行信用评级。

3. 诚信教育水平稳步提高

诚信教育是信用建设的强有力支撑。金融的发展离不开完善的信用体系。因此，通过诚信教育去培养市场微观主体的诚信精神，是市场经济中各主体之间和谐发展的前提，是经济高质量发展的必要条件。

（1）大学生的诚信教育。近年来，高校的诚信教育一直在进行，大学生都有思政课程，除此之外，高校学生有跨学院的通识课程，这些课程都会涉及信用，而且所有的经济管理等专业基本都涉及金融相关课程，学校还会和社会相关机构联合组织信用相关活动。但是，整体来看，大学生的诚信教育还有很多不足，大学生存在着种种失信行为，因此，学校在授课的过程中，要改变以往的单方面灌输的教学手段，借助多元化的教学手段辅助实现学生的诚信教育内化。

（2）金融从业人员的诚信教育。就金融机构而言，其从业人员受利益的诱导，也有可能出现各种违规行为，所以针对金融机构从业人员的诚信教育也一直在进行。具体而言，有金融机构和征信行业开展的诚信教育活动，也有政府部门开展的诚信教育活动。商业银行等传统金融机构不定时组织员工进行行为守则的学习、合规文化的学习。

（3）普通大众的诚信教育。就普通大众而言，诚信教育体现在日常生活中，路边的宣传牌、书籍、电影里都有对诚信的倡导。金融机构依托各种媒体开展诚信教育的宣传，并利用手机短信、电话等途径普及诚信知识。各政府部门也通过举办各种主题活动普及诚信知识，培育良好的营商环境。

二、金融科技结合的效率分析

任何制度演进都是内部运行和外部环境变化的结果，演进趋势既有效率，又有公平，在朝着更有效率和更公平的方向发展的。考察诸多国家金融发展的演进史，可以发现，金融的自发演进多是朝着更有效率的方向发展的。随着信息技术的发展，以及消费者依赖移动终端，并追求高参与度和高体验的消费习惯，传统金融已经无法抓住客户，导致客户流失，经营规模下降。由此可见，金融科技的发展能够提高金融体系效率，具体从以下三个方面来论述金融科技结合的效率。

（一）提升投融资效率

金融是市场经济运行的血液，金融发展创新的目的是提升金融服务实体经济的效率，最终使经济发展水平不断提高。投融资效率是衡量金融效率的重要标准之一，流动性、收益性、安全性是考察金融产品的具体标准。金融科技投融资领域考察的主要有投融资渠道的构建、投融资的覆盖面、融资成本和融资风险等方面。

1. 构建便捷的投融资渠道

建立便捷的投融资渠道是金融科技的一个重要发展方向。金融科技的兴起为广大投资者和融资者提供了更便捷的资金流动方式。除了传统的P2P借贷和众筹等互联网金融平台外，更高级的互联网投融资平台应运而生，这些平台直接将资金出借者与借款者进行有效匹配。

金融科技的进步构建了便捷的投融资渠道，将传统的线下交易迁移到线上，以改善客户的投融资体验。在传统金融模式中，用户必须在特定的时间和地点才能进行金融交易。互联网金融平台改变了这一情况，但由于监管滞后，互联网金融出现了一些乱象。金融科技的发展改变了这一局面。金融科技公司能够打破地域和空间的限制，实现跨地区的金融交易，并利用人工智能技术为客户提供投融资组合建议。通过投融资平台的应用程序（App），用户可以在桌面电脑等固定设备上进行金融交易，也可以在移动设备上进行，这些应用程序提供了一系列资源集中化和市场开放化的金融服务，用户可以根据自己的需求选择使用何种设备进行交易，无须前往特定地点，这不仅减少了交易成本，还增加了交易途径的多样性。

在投融资平台的应用程序中，用户可以全天候进行金融交易，提高了时效性。用户可以随时登录和退出移动金融应用程序，以碎片化的时间获取相关的金融产品信息。智能投资顾问可以利用大数据和人工智能技术，将传统金融中的小数据和结构化数据与碎片化信息进行综合分析，以更好地了解客户的投资偏好和市场趋势，从而更好地推荐适合客户的投资组合，增加了便捷性和用户体验。信息安全是用户关注的另一个焦点，投融资平台可以通过生物识别技术（如人脸识别和指纹识别）等提高身份验证的安全性。

2. 投融资覆盖"长尾人群"

传统金融机构主要集中在市场头部，通常符合"二八定律"，其主要盈利来源于信用较好的头部客户。在传统金融领域，信贷往往通过银行进行，而证券交易则通常发生于股票市场和债券市场。由于银行和借款人之间存在信息不对称的情况，银行在放贷过程中对客户资格进行了严格的审查，通常要求提供资产抵押、收入证明等，以确保借款人有足够的信用来偿还贷款，或者需要第三方提供担保才会批准贷款。而在股票市场中，证券发行和上市需要遵循严格的审批程序，这导致大多数企业无法通过股票市场来融资。

互联网具有高度的开放性和共享性，只需接入网络，个人可以随时随地登录投融资平台，不受规模大小限制，机会更加公平，体现了金融科技的普惠性。一方面，互联网技术的发展可以打破传统金融领域线下审核方式，金融机构能够收集到用户在网络上的经济交易行为和社交活动等数据，从而全面评估用户的信用水平和履约状况；另一方面，金融科技的进步能够进行用户的精准画像和精准推销，提供满足用户个性化需求的金融产品，从而有效地帮助"长尾人群"找到符合其需求的产品。

从一般用户的角度来看，金融科技提供了各种便捷的金融服务场景。移动终端的普及使金融服务的交易双方能够即时连接。各种依赖金融科技的互联网投融资平台应运而生，资金提供者和需求者可以以在线发布资金供需信息，并通过平台进行匹配，不再需要传统的金融中介机构，如银行和券商。

在金融科技的背景下，金融客户的投资者和融资者身份变得越来越模糊。根据需求，客户可以随时切换投资者或融资者的身份。如果有闲置资金，他们可以投资者的身份在投融资平台上寻找交易伙伴，而如果需要资金，他们也可以以融资者的身份在平台上寻找资金。金融科技的发展颠覆了传统资源分配方式，提高了投融资的速度，丰富了产品多样性，更好地满足客户需求，扩大了覆盖范围，为实体经济的发展提供了更高的投融资效率支持。

3. 降低投融资成本

金融活动旨在有效进行资金的配置，实现供需的匹配。金融科技依托高科技手段，主要在资金融通领域实现供需匹配。金融科技构建了高效的投融资渠道，具有广泛的金融普惠性，有助于提高金融资源的可获得性，同时也决定了投融资领域的效率，这取决于融通成本。通常而言，资金融通的匹配是通过金融科技工具进行的。在资金融通领域，投融资平台应用程序或金融机构应用程序运用人工智能建立联系，将资金提供方和资产方客户联系起来，并借助机器算法进行筛选和撮合，以实现最佳匹配。在这个匹配过程中，交易成本和信任发挥着重要作用。

金融科技采用先进的信息技术，交互速度快，有助于有效匹配资金提供方和资产方。金融科技平台为供需双方的信任提供了隐性担保。凭借底层技术支持，金融科技使投融资平台或金融机构能够更全面地了解个人或企业用户的交易行为、消费行为、人际关系等，从而更准确地评估他们的信用水平。后台人工智能进行信息筛选和计算，最终推荐出最佳匹配的交易对象，而交易决策由投融资交易双方自主制定，这减少了传统金融领域中人工匹配资金所需的交易成本，提高了效率。

投资收益和融资成本是衡量金融市场效率的关键指标。在金融科技环境下，投资者可以在金融科技平台上找到适合的投资标的，或者在平台上发布信息等待撮合交易。由于金融大数据的存在和信息交互的高速化，交易成本较低，投资收益较高。而在传统金融模式下，由于数据有限、信息不够完整，寻找交易对象的成本较高。此外，传统金融市场更依赖金融中介，交易完成需要支付中介的劳务费用，这导致传统金融市场中的投资回报较低。

融资成本包括直接支付给投资者的资本回报和金融科技企业或金融机构收取的手续费或服务费。金融科技降低了交易成本，从而使资本回报率不那么高。但由于支付给金融科技平台的服务费较低，投资者仍能够获得较为可观的资本回报。与传统金融模式相比，金融科技平台具有较强的网络效应，其盈利主要依赖于吸引用户和扩大流量。目前，金融科技平台为了扩大用户规模，降低了入门门槛，平台间的竞争也降低了服务费用。因此，金融科技有助于降低融资成本。然而，在传统金融体系中，只有大型企业或高社会地位的职业人员（如公务员或事业单位工作人员）才能从传统金融渠道获得资金，中小企业以及经济状况较弱的家庭和个人往往不得不寻求民间融资，而这会导致传统金融融资成本较高。

（二）优化风险防控体系

金融科技，可以优化风险防控体系，全面提升金融业的发展质量，根据大数据技术提供的全方位的数据，通过区块链技术的信任机制建立金融互信，在传统风险控制模型的基础上，利用人工智能提高金融风险控制能力。

1. 金融大数据有效实现数据全覆盖

信息数据在金融决策中扮演着至关重要的角色，它源自社会成员的经营和投融资活动，构成决策的基础。在传统金融体系中，信息数据的获取和整理受到诸多挑战，因为数据来源复杂多样，分散存储在不同行业、部门和机构中，严重分散，处理庞大的数据量也充满挑战。由于各种原因，金融体系和机构之间数据互通受限，形成了信息数据的孤立局面。

随着网络技术的不断发展，金融和相关活动已经普遍实现了网络化，人类经济活动的地域范围扩大，技术条件支持跨时期和跨地区资源配置，从而导致信息数据规模的增加。此外，大数据和云存储技术使社会成员从事金融和相关社会活动的数据能够被储存，并且通过流式计算、并行计算等方法被整合和架构，这突破了硬件限制，创建了网络平台，实现了数据的广泛覆盖。金融大数据的收集、整理和应用已经成为金融竞争的关键支撑。

（1）金融大数据的出现是经济、技术和金融发展的必然趋势，其特点包括多样性、海量性、快速性、灵活性和复杂性。首要特征在于其需求大规模交易数据。金融活动天然倾向于数字化，现代信息技术的发展为经济活动数字化提供了可能。金融的统一性使其具备跨地域和跨时期资源配置的潜力，而互联网的普及为跨地域资源配置提供了技术支持。金融产品、交易市场和交易方式的数字化以及风险控制的数字化加速了金融数据的增加。

（2）金融交易规模的扩大也推动了金融数据的海量增长。金融领域的全球化促进国内和国际金融市场的形成，跨国经济和金融活动规模扩大，加上大量的金融交易平台，推动了金融交易数据的海量增长。

（3）处理海量金融大数据需要高效的分析和利用。金融科技企业以大数据金融数据库为核心，借助底层支撑技术进行数据挖掘、征信评估、风险控制和产品研发等一系列活动。金融的数字化属性和计算机网络的发展扩大了数据规模，分布式数据存储和计算技术增加了金融数据存储的容量，网络存储技术创造了数据分发的途径，而数据挖掘技术和云计算提高了处理大规模数据的能力。

2. 区块链解决金融互信问题

区块链技术在金融领域解决信用问题的作用备受关注。信用是金融交易之基石，其良好建立可降低信用风险、促进交易的顺畅进行以及资金迅速周转。传统金融体系常依赖银行作为信用中介，其承担了资格审查的角色，并因国家信用支持而天然地解决陌生人之间的信任问题。中国人民银行下设的中国人民银行征信中心负责企业和个人征信系统的统一管理，包含存贷款记录、信用卡消费记录、担保信息、收入记录、住房地址等信息，同时整合税务部门、电信等公司提供的数据。然而，传统征信数据仍存在明细有限、更新时间较慢、不具备即时动态记录等缺陷。金融科技的兴起拓展了传统征信数据的广度和深度，通过电商平台、社交平台、借贷平台等，提供了客户的即时消费信息、社交互动、出行轨迹、财务管理等信息，实现了全方位的征信数据记录，有效弥补了上述不足。在金融科技去中介化的背景下，这种数据记录方式无须国家信用认可，却能有效解决陌生人之间的信任问题。

区块链技术通过自动化、智能合约和加密算法等手段对金融要素进行重构，进一步解决了金融中的信任问题。区块链以分布式记账方式记录了所有交易参与者的交易，使任何链上参与者都能查看和验证交易，从而破解了交易中的信息不对称问题，增强了参与者之间的信任。区块链数据具备透明性特征，所有数据的修改和传递都需要得到全部节点的认可，这保障了数据的不易篡改和伪造。

区块链技术还具备数据源的溯源性，可以有效评估数据的价值。每个区块都有一个父区块，即前一区块，形成了一个有序的、可以不断延长的数据链条，使数据无论流通多少次，仍能追溯到其源头。金融机构可利用这一特点对数据进行溯源分析，对整个数据链进行评估。同样，每个区块链参与者可以根据自身知识和技能对区块链上的数据信息进行评估和溯源分析。此外，区块链的透明性使"数据质押"成为可能，用户的信用维护成为重要因素，从而有助于风险控制。

区块链技术也能够实现业务流程的优化和监管的全程穿透。它有效实现了交易前的信用初步评估和交易中的实时监督，可根据用户消费活动、行为习惯、交易网络等信息进行整体分析，不依赖传统的中国人民银行征信报告。区块链可动态追踪客户的交易行为，实时监控现金流和融资活动，借助物联网监控实物资产的变化，交叉验证交易明细的一致性，进行合约管理和业务监控，一旦出现不利情况，及时发出业务预警。

3. 人工智能提供有力分析工具

金融领域具备高度风险性质，不断面临各类潜在风险。面对大量金融数据，传统的人工风险控制模型难以高效地处理，而人工智能的应用则显著提升了风险控制的业务处理效能，同时显著降低了劳动力成本。

（1）人工智能具备实现精确且无误的场景设计的潜力。其核心概念即为机器学习，这是使机器具备智能的过程，也是模拟人类自主学习的过程。在机器学习过程中，应用神经网络、支持向量机、深度神经网络等技术来分析大规模数据，经过多次迭代测试，揭示出隐藏于人类行为中的普遍规律，这些规律不仅适用于分析的数据，还适用于未被纳入分析的新样本，这被称为"泛化能力"。机器学习从这些普遍规律中获取新知识和技能，不断自我学习和完善，这使人们能够将机器学习结果应用于经济领域，用于预测和分类。为实现深度学习，人工智能模型需要经历大量的迭代过程，因此大数据在这一过程中扮演关键角色。大数据时代为人工智能的定量分析提供了精准化的机会。在这个时代，数据扮演了重要角色，而人工智能分析可充分利用大数据，实现精确无误的场景设计。通过深度学习，金融科技企业能更深入地理解事物规律，从而有效分析金融科技中的风险，提高风险控制效能。

（2）人工智能可以运用计算机视觉和生物识别技术进行初步风险识别。随着计算机视觉和生物识别技术的发展，人工智能可以使计算机对环境及其中的生物行为特征进行初步辨识。风险管理部门可通过视觉和生物识别技术收集静态和动态图像数据，主要基于个体生物信息。由于个体生物信息的独特性，借助人工智能收集这些数据实现了高效的风险初步识别。人工智能技术可建立内部数据库，通过系统内部和与其他系统的数据互动，将数据转化为有价值的资产，达到风险初筛的目的，例如识别客户身份、发现可疑活动、检测员工的合规性和安全性等。在这个过程中，样本数量的增加会提高人工智能识别风险的准确性。

（3）人工智能有能力有效地挖掘数据中的风险信息。通过神经网络、随机森林等机器学习算法进行数据建模，对正常客户的交易和社交数据进行处理，对客户的还款能力进行评估，最终根据分析结果对数据进行分类处理，从而能够及时干预即将无法还款的客户，降低信用损失的风险。

（三）降低交易成本

金融体系不同的结构性特征对应了不同的资源配合机制和效率水平。金融业与互联网信息前沿科学的结合实现了金融服务的智能化、自动化，促进了金融行业整体效率的提升。

1. 金融科技的结构特征

（1）金融去中介化。传统金融体系中，金融中介机构的出现有助于实现规模经济，降低交易成本。然而，随着金融体系的不断巩固，金融中介的存在可能导致金融门槛效应，增加交易成本。同时，在金融资源配置中，信用扮演着至关重要的角色，因为只有凭借信用担保，资金需求者才能在金融市场上获得融资。然而，在传统金融体系中，信用担保的成本相对较高，小微企业和个人通常缺乏被金融机构认可的担保品，因此难以获取贷款。新兴信息技术的出现为解决中小企业和个人的信用担保问题提供了解决方案，区块链数据的透明性和可追溯性使陌生人之间的信任变得现实，去中介化成为一种发展趋势。

金融科技的去中介化是指通过互联网和计算机信息技术，减少了传统金融机构的服务环节，实现了金融服务的扁平化。在支付结算领域，第三方支付和移动支付对传统商业银行的支付结算地位产生了冲击。相较于银行，第三方支付和移动支付更加便捷，能够高效存储和处理客户数据，并实现随时随地的支付结算。尤其是数字货币的出现，使客户能够在区块链上完成货币支付和结算活动，无须经过银行系统。在存贷款领域，金融科技可以较低成本评估用户的信用，然后直接匹配资金需求方和资金供给方，从而冲击了银行机构的业务，导致客户分流和营业规模分散。

（2）金融去中心化。金融科技的去中心化伴随着区块链的兴起而发展。不同于传统金融体系，区块链技术最大的创新在于其分散的发行机制。每一个区块链的起始点是一个创世块，而除了创世块外，所有新增的区块都是通过交易生成的。任何想要进行交易的人都必须争夺系统中的节点记账权，当链上的所有参与者达成共识时，新区块才能被添加到链上，完成交易结算。换言之，区块链的数字账本是完全公开的，任何节点都可以查看账本的所有信息。所有经过系统认可的交易都在数字账本上有记录。

区块链技术的分散发行机制决定了金融科技在其基础上的去中心化。它不依赖额外的第三方管理机构，没有中心控制，而是实现了每个人都可以成为中心的状态。区块链是一个自主性极高的系统，通过分布式核算和存储来自我验证、传递和管理信息，每个节点都共享整个账本的数据，因此没有统一的管理中心。

（3）网络化。计算机网络技术的进展改变了人们的生活方式，同时也改变了金融发展的模式。互联网金融业的兴起标志着金融科技网络化的初期阶段，这是通过网络技术拓展和改造金融相关业务的过程。金融科技的网络化特点在于，它是以互联网为基础，形成多个金融服务平台，允许金融科技活动跨越时间、空间和行业的限制，实现全天候交易。互联网是一个开放的平台，金融科技与传统金融最大的不同在于其广泛的连接性，这使金融科技能够通过网络形成错综复杂的交易，其存在形式是虚拟的，运行方式是网络化的。另外，由于互联网信息前沿技术内嵌在金融科技中，网络化实际上已经内置在金融科技的结构中。

2. 降低交易成本的方式

在技术领域的创新显然能够有效降低交易成本。从金融工具和金融交易技术的角度来看，每一项新产品或新技术的引入都有助于加速交易过程并降低相关成本。

（1）降低了人力成本。随着人口红利的减弱，劳动力稀缺问题开始对我国经济产生影响，而这一趋势可能持续相当长一段时间。人工智能的发展在一定程度上有助于解决这一问题。人工智能包括机器学习、生物识别、自然语言处理、语音识别和知识图谱五大关键技术，这些技术在金融领域的应用导致了智能风险管理、智能客户服务、智能投资咨询以及智能投资研究等的产生。智能风险管理技术的发展将取代大量人力工作，其强大的计算能力显著降低了工作人员的工作负担，从而减少了错误率。智能客户服务简化了业务流程，取代了大量柜台和后台工作，并广泛应用于远程开户、面部识别支付、在线借贷等场景，降低了服务成本。智能投资咨询技术能够高效处理大量信息，提炼出关键信息以协助客户进行投资决策，并广泛应用于银行和证券公司的交易工作。智能投资研究整合了数据、信息和智能决策，使金融数据的检索更加高效，实现了从搜索到投资观点的自动跨越，为投资者提供投资建议。与传统投资咨询相比，智能投资研究的数据搜索更全面，机器分析更理性，投资观点呈现更快速。因此，人工智能的发展显著降低了金融领域的人力成本，提高了效率。

（2）降低了信息成本。在实际经济活动中存在摩擦，包括各种交易成本以及耗费大量人力、物力和财力的情况。在金融领域，主要的交易成本是信息成本，而金融市场效率损失的主要原因之一是信息不对称。借款人在金融市场上要找到满足规模、期限和价格需求的贷款人，这需要耗费大量的信息搜索成本来寻找合适的交易对象，并进行谈判，才能达成协议。在协议达成后，还需要进一步监督，这涉及协商成本、决策成本、契约成本和监督成本。如果协议不能按约定履行，还将涉及执行成本。

传统金融体系中，金融中介的关键作用是收集和处理信息，以减少信息获取成本，提高整个金融系统的效率。然而，信息处理需要通过金融中介，导致信息损失，金融供需双方所需的信息无法对等。随着传统金融体系的固化，金融发展活力降低，金融创新应用滞后，整个金融市场的交易成本逐渐上升，金融对经济增长的贡献逐渐减弱。互联网信息技术的发展改变了这一现象，提高了信息处理效率。互联网信息技术具备大规模存储信息的能力，其可复制性使信息在空间上的传递即时且准确，而不断地创新保证了信息处理处于不断优化状态。金融科技将互联网信息技术应用到金融领域，在一定程度上减弱了市场上的信息不对称。信息不对称可能导致金融交易中出现"逆向选择"和"道德风险"。随着互联网平台和区块链技术的发展，更容易对客户进行信用评估，个人信用在一定程度上变得公开，隐含信息变得显性，信息透明度提高。区块链技术能够数字化所有资产，因此金融科技的发展更高效地获得用户信息。此外，金融科技的交叉应用能够准确挖掘潜在客户，并在出现风险之前进行预测和管理，从扩大的"长尾人群"客户中获得收益。

互联网使金融市场中各参与主体能够在全球任何金融平台上进行交易，信息通过网络自由流动，信息不对称程度逐渐降低，资源能够突破时间、空间和行业的限制进行自由配置，从而大幅降低成本，进一步提高效率。金融科技的多元化投资主体，去中心化、去中介化和网络化特性打破了传统大型金融机构的垄断，实现了资金交易双方在地位上的对等，金融资源的价格由市场决定。金融利用大数据能够为有闲置资源的投资者和有金融需求的客户提供智能撮合服务，打破信息瓶颈，缓解信息不对称带来的效率较低问题。金融科技通过去除中介提高了金融系统的整体效率，在高信息透明度的情况下，资本市场上的"套利"行为几乎没有生存空间。

（3）金融科技通过一系列底层支撑技术的相互作用，扩大了交易规模，降低了科技创新的单位研发成本，实现了规模效益，提高了效率。每一项科技创新成果的出现都需要大量的前期研发成本，金融科技创新亦不例外。然而，一旦产品研发完成，其大规模生产和使用并不会显著增加成本。金融科技产品的数字特性使其边际成本接近于零，再加上在线交易基本没有额外成本，因此金融科技产品一旦研发完成，其单位成本呈陡峭的向右下方倾斜曲线。

第四节　自然语言处理技术助力金融科技标准化

一、自然语言处理的认知

金融科技涉及方方面面的先进技术，其中又以大数据、人工智能、区块链、云计算、分布式等技术引领先进方向。其中人工智能的一个重要分支，就是自然语言处理（NLP），它研究实现人与计算机之间用自然语言进行有效通信的各种理论和方法，涉及所有用计算机对自然语言的操作。

金融科技标准普遍使用自然语言编写，随着越来越多的金融科技标准的制定，很多现实问题出现在眼前，如存在标准老化或缺失、部门信息割据等问题。为解决这些问题，当前采取的措施主要是通过强化标准化人才队伍建设、加大标准化制度建设、明晰标准化机构职责、建立相关机构的沟通协调机制。上面这些传统的措施是标准化实施工作的历史经验总结，但不够与时俱进。现在是信息化社会、大数据时代，需要采用金融科技的众多先进技术促进金融科技标准化的建设，其中之一，就是自然语言处理。

二、自然语言处理的关键技术

自然语言处理关键技术分为五个方面：范式迁移、词法和句法分析、语义分析、信息抽取和基于知识的自然语言处理。

范式是建模一类任务的通用框架。某种程度上，范式是属于规则自然语言，但是算法实现却是统计自然语言。常用的范式有以下七类：分类（Class）、匹配（Matching）、序列标注（SeqLab）、阅读理解（MRC）、序列到序列（Seq2Seq）、序列到动作序列

（Seq2ASeq）和语言模型（LM）。当前的美国谷歌的预训练语言模型（如 GPT3）可以解决很多范式问题，但是也暴露出一些微调不友好的问题，这是未来亟待解决的问题。中国现在也有自己的预训练语言模型，阿里达摩院的"通义"大模型底层使用了统一学习范式 OFA，使自然语言处理即通用又易用。

词法分析和句法分析是自然语言处理的基础任务，可以应用到很多自然语言处理的下游任务中，如机器翻译和文本摘要。词法分析需要解决当前词的词性，句法分析是确定句子的句法结构。神经网络时代，常用 LSTM 和 Transformer 进行词法分析和句法分析，当前，新闻领域模型已经表现接近理论极限，未来方向是跨领域和多语言场景。

语义分析是自然语言理解，在词层面，是词义消歧；在句子层面，是语义角色标注；在篇章上，是指代消歧。当前词义消歧技术成熟，但是句子级别的语义分析，以及篇章级别的结构分析、话语分割、指代消歧等任务还未发展完善。

信息抽取的目标是从非结构化文本中抽取出结构化的信息，包括实体抽取、实体关系抽取、事件抽取、事件关系抽取等任务。信息抽取的核心是将自然语言表达映射到目标知识结构上，并转换为可供计算机处理的知识。然而，自然语言表达具有多样性、歧义性和结构性，其中蕴含的知识具有复杂性、开放性以及规模巨大的特点，进而导致信息抽取任务极具挑战性。未来信息抽取发展方向为高效的小样本学习能力，多模态信息融合，数据驱动和知识驱动信息融合。

基于知识的自然语言处理是指利用人类各类型结构化知识（如语言知识图谱、世界知识图谱、常识知识图谱等）提升自然语言处理模型语言处理能力的相关处理方法。当前的主要技术手段还是预训练语言模型，一方面，面向自然语言处理的深度学习技术能够自动学习语义的分布式表示，表达能力强，已在自然语言处理多项重要任务中得到充分验证，为进一步融入知识指导信息的方法研究奠定了坚实基础；另一方面，知识表示与推理技术已经初步具备完整的方法体系，充分利用人类各类型结构化知识赋予了人工智能不同的能力，为提升模型的可扩展性和鲁棒性提供了支撑。未来需要解决大规模知识表示、多元知识融合等问题。

三、自然语言处理在金融科技标准化中的实际应用

第一，金融标准化现状。2022 年 2 月 8 日，中国人民银行会同市场监管总局、银保监会、证监会联合印发《金融标准化"十四五"发展规划》（以下简称《规划》）。《规划》提出，到 2025 年，与现代金融体系相适应的标准体系基本建成，金融标准化的经济效益、社会效益、质量效益和生态效益充分显现，标准化支撑金融业高质量发展的地位和作用更加凸显。展望 2035 年，科学适用、结构合理、开放兼容、国际接轨的金融标准体系更加

健全，市场驱动、政府引导、企业为主、社会参与、开放融合的金融标准化工作格局全面形成，标准化成为支撑金融业高质量发展的重要力量。《规划》明确七个方面的重点。其中之一是标准化引领金融业数字生态建设。稳步推进金融科技标准建设，系统完善金融数据要素标准，健全金融信息基础设施标准，强化金融网络安全标准防护，推进金融业信息化核心技术安全可控标准建设。

第二，词法分析和句法分析技术的应用。各行各业的标准化工作都是艰巨而复杂的任务。从行业内部的一些经验总结、技术文档、规章制度，到地方政府的政策文件，再到国家的法律法规，现存大量的文件都是以自然语言形态存在的。当前的标准化建设，主要还是各行业或领域的专家人工进行编写和修订。从约定俗成到行业标准，自然语言处理已经发挥一定的作用。例如，资料的收集和积累，往往通过自然语言的关键字进行查询。但从海量文件里通过关键字查找出来的信息，往往也是海量的，并不能减轻标准化过程中的人工参与的工作量。现有的词法分析和句法分析技术，可以将海量的文件进行分析处理，将每篇长文使用词法分析和句法分析技术，整理成摘要，这样可以减少人工的阅读量，有助于文件的快速比对和检索。

第三，语义分析技术的应用。语义分析技术发展迅速，整体上，紧跟自然语言处理领域的发展潮流，一方面部分方法启发于其他任务的先进技术；另一方面部分方法也启发了其他领域，如基于受限解码的事件抽取方法。语义分析技术可以在金融标准化中用于很多方面。金融标准化过程中，对于现存标准检索，除了关键词检索以外，还可以通过语义分析来检索。建立金融标准过程中，还可以通过一些基于自然语言的问答系统来补充完善信息。现代的语义搜索引擎，从以前的匹配查询转变为理解用户提交的查询的意图，能够更精准地向用户返回最符合需求的搜索结果。

第四，信息抽取技术的应用。信息抽取技术是中文信息处理和人工智能的核心技术，具有重要的科学意义。通过将文本所表述的信息结构化和语义化，信息抽取技术提供了分析非结构化文本的有效手段，是实现大数据资源化、知识化和普适化的核心技术。被抽取出来的信息通常以结构化的形式描述，可以被计算机直接处理，从而实现对海量非结构化数据的分析、组织、管理、计算、查询和推理，并进一步为更高层面的应用和任务（如自然语言理解、知识库构建、智能问答系统、舆情分析系统）提供支撑。金融标准化的目标，不是建立一堆没有人看的文档，而是需要指导和规范金融行业的具体工作。标准的执行最终依赖的是行业的从业人员。信息抽取技术，可以帮助从业人员从多维度、多角度掌握金融标准。例如，从业人员可以从整篇技术标准，从岗位职责维度，快速了解自己的岗位的相关职责，而跳过无关职责。

第五，基于知识的自然语言处理技术的应用。义原（Sememe）在语言学中是指最小的不可再分的语义单位。语言知识库基本构成单位是义原。近年来，语言知识库在深度学习模型中的重要性越来越明显，语言知识库可以用于金融标准化建设的很多方面。首先，各种金融标准本身就是一个知识库标准化的过程，就是对知识的积累和经验的总结。标准化首先要保证标准的正确性，标准编制人员由于经验和知识水平受限，对领域内的知识比较了解，对于领域边缘及领域交集的知识往往比较陌生，这就导致了标准编制好以后，往往需要一段时间征集意见，并试运行。而正式发布的标准，在运行一段时间后，随着技术发展和社会环境变化，往往也需要进行修订。建立一个语言知识库，甚至直接将标准转化成语言知识库的形式，可以通过技术手段快速处理各种现行标准、试行标准、制定中的标准，可以从多维度对各种标准进行检索。例如，查看某个义原在哪些标准中出现，查看哪些义原同其他义原关系密切，从而在制定新标准的时候可以参考。不仅可以检索，还可以进行语义分析，从时间维度，从空间维度，看看规则是否有矛盾和冲突。例如，在一个标准中被允许的行为在另一个标准中被禁止，那么就需要分析是哪些条件变化导致的，这些分析都可以通过计算机去处理，将分析结果提交给标准制定人员，甚至可以提供冲突标准的修改建议。

第六，实施路径。自然语言处理的各分支技术不是割裂存在的。参考阿里达摩院的通义大模型，自然语言处理在金融标准化上的最佳实践是建立一个多层次的人工智能体系，统一建模将自然语言处理各层面的关键技术整合处理。底层应该是基于金融标准和专业领域知识，建立起一个完整的语料库，再对语料库进行处理，形成一个统一底座模型，做到模态表示、任务表示、模型结构统一。统一底座模型模仿了人类构建认知的过程，融合了AI 在语言、语音、视觉等不同模态和领域的知识体系。从理论上看，统一底座回归到基于规则的自然语言处理，但是从实践路径上看，统一底座还是统计自然语言处理。

在统一的底座上层是通用模型层，针对要研究的领域，创建一些基础的通用模型。对于自然语言处理任务，有通用知识抽取、因果推理、通用检测、通用聚类等算法模型；对于其他领域，可以有其他模型，如视觉处理有图像处理、视觉处理、视觉问答等算法模型。通用模型层之上，可以有行业模型，如计算机科学、金融等行业模型。行业模型可以对专业知识进行处理。通用模型和专业模型相结合，可以让自然语言处理模型兼顾性能最优和成本最低。

第六章
金融科技的商业模式创新

第一节　数字科技服务金融的商业模式探索

在科技与经济社会不断交融的过程中，数据呈现出爆发式增长。不断沉淀的数据已成为社会基础性战略资源，蕴藏着巨大潜力和能量，并与金融经济形成相互促进的正反馈发展模式。"数字科技可帮助金融机构实现线上线下海量数据的整合分析，结合数据、场景、科技等领域的发展，扩展传统金融机构的业务范围，打破时空限制，深度挖掘用户属性，帮助金融机构实现金融服务效率和效益的双重提升。"[①]

一、数字科技服务与金融业领域的适配

金融行业中的数据积累、数据流转、数据存储已经为大数据、人工智能等技术的应用提供了必备土壤。数字是数字科技与金融业相同的基因，这解释了为何数字科技在金融业率先引发变革。从传统金融机构角度看，互联网发展改变了零售银行客户的行为和预期，由于传统金融机构难以全面覆盖各类消费场景，很多潜在客户逐渐转移到线上消费场景。虽然当前各大银行纷纷采取行动，部署线上业务，成立金融科技子公司，但由于缺乏线上场景接入及相关数据积累，如果没有整体的数字科技发展战略，容易形成"大数据孤岛"。但不可否认的是，传统金融机构品牌的权威性、业务的专业性及多年沉淀的线下数据，一旦与数字科技结合，将会创造巨大的价值。例如，如果将借贷、支付清算、投行业务、理财等业务与相应的数字科技匹配，将成为传统金融机构变现其在品牌和数据方面长期积累的潜在价值的有力手段。

从数字科技企业角度看，不同于传统科技服务企业仅对金融传统业务进行升级的服务模式，数字科技企业可实现线上线下海量数据的整合分析，结合数据、场景、科技等领域的发展扩展传统金融机构的业务范围，打破时空限制，深度挖掘用户属性，做到"以用户

---

①李帅,宋博.我国数字科技服务金融的商业模式探索[J].今日财富(中国知识产权),2019(6):100.

为中心"，对客户做更精准的筛选及服务匹配，帮助金融机构实现金融服务效率和效益的双重提升。同时，数字科技企业资金规模有限，无法与金融机构的雄厚资本抗衡，通过银行资本及资金的优势，可扩大业务覆盖的规模。对于数字科技企业而言，通过与金融机构开展合作，调动金融机构的运营和市场资源，有助于科技企业创造流量和转移流量成本，用数字技术服务金融机构，实现真正意义上的"各美其美，美美与共"。

当前，金融机构同科技企业之间的合作，一方面有助于推动金融机构快速弥补其技术短板，推动其发展模式的战略转型；另一方面，有助于科技企业借力金融机构的行业经验和资金，更好地发挥其技术优势，助力金融机构创新业务模式。

二、运用数字科技服务金融的商业模式创新

第一，树立数字化运营思维。步入数字经济时代，数据正逐渐成为关键性生产要素，其重要性就像农业经济时代的土地，那些拥有丰富数据资源和卓越数据分析能力的企业，将在新一轮竞争中占得先机。随着海量数据资源的迅速沉淀和大数据处理技术的持续进步，金融业的绝大多数业务活动都将被数字化，这些数据涉及客户需求、行为、偏好等方面，对于数据资源的深度挖掘可以帮助金融机构发掘潜在客户的需求偏好，精准捕捉既有客户的个体差异，预测消费行为，并判断潜在风险。因此，如何在企业的经营和决策层面尽快树立起系统化的大数据思维方式，并利用快速迭代的海量数据资源推动服务创新和效率提升，将在很大程度上决定传统金融机构在本轮变革中的成败。

第二，充分借力中国的数字生态系统。经过上一轮互联网金融的快速发展，中国的一些金融科技企业已在支付、社交、搜索和购物等关键场景和渠道方面建立起了明显的优势，积累起了较强的获客能力和用户黏性。传统金融机构虽然资金实力雄厚、业务模式齐全，但在数据积累、场景应用、营销及科技创新上相对不足。寄希望于依靠自建场景的方式，不但在短期内很难积累起足够的流量和行为数据基础，而且可能造成资源的浪费。因此，传统金融机构应充分借力中国日趋成熟的数字生态系统。一方面，通过积极融入现有场景延伸业务范围；另一方面，借助数字科技赋能加快技术迭代速度，创新产品门类，重构业务流程，实现跨越式发展。

第三，打造敏捷性组织。为适应数字化趋势下迅速变化的技术和客户需求，打造敏捷性组织十分必要。组织的敏捷性强调，对意外的、不易预见的变化能够迅速并前瞻性地进行资源整合和重构，并提供客户导向的产品和服务的能力。过去，金融机构在科技系统开发方面，往往前期准备较多、上线测试频繁，因此很难做到对客户需求变化的敏捷反应。数字经济时代，通过引入互联网行业的敏捷开发体系，可以极大地缩短服务开发的反馈和迭代周期；配合云端功能补丁的实时更新，金融机构完全有可能凭借科技敏捷实现业务敏捷，快速适应新的需求变化。

三、数字科技服务金融商业模式的未来发展

第一，科技监管形成趋势。数字化金融风险点多且更新快，为了坚持不发生系统性金融风险的底线，监管层也应利用大数据、人工智能等科技手段创新监管模式。智能监管技术可以通过规范的应用程序接口获取监管信息并实现自动化监管。依托海量、多维、动态的大数据，建立科技监管的数据标准和使用机制，使监管可穿透、可回溯，有迹可循，减少监管盲区；合理利用远程技术加强金融从业人员与监管部门的沟通，减少信息不对称造成的风险误判；全面整合征信评估系统、反欺诈系统、监控预警系统等数字金融风控体系信息，提前识别并处理个别风险，防止风险蔓延；通过监管科技来管理实时性强、关系复杂的资本市场，强化监管科技能力，从而更有效地提升宏观、微观监管水平与效率。

第二，数字科技服务金融程度不断深化。金融业与科技远未达到充分结合的水平，即便有数字科技应用的领域，也有大量痛点客观存在，科技公司与传统金融机构存在很大的合作共赢空间。加深金融数字化，依靠传统金融机构或数字科技企业的"单打独斗"或仅应用于某一环节、某一流程的数字化方案是行不通的，共筑全流程、全主体的系统性思维，才能实现双方系统化的深度合作。

第二节　金融科技视角下的商业银行经营模式创新

随着金融与科技的不断融合，大数据、人工智能、区块链、云计算等前沿技术在金融领域的应用广泛深入，给传统金融机构尤其是商业银行的经营模式带来了巨大的冲击。相应地，商业银行也顺应科技潮流加大了对金融科技的投入力度，积极探索新模式，拓展新业务，开发新渠道，提升客户服务满意度，提高自身的竞争力。由此可见，探索金融科技视角下商业银行经营模式的创新策略，对商业银行在金融市场上的长足健康发展，具有一定的现实意义。

一、金融科技视角下商业银行经营模式面临的问题

第一，银行业竞争加剧。"金融科技的发展加快了商业银行内部技术的创新进程，助推商业银行经营模式的转型，从而提升客户的体验感，巩固商业银行在金融市场中的地位。"[①]一方面，随着金融市场进一步扩大对外开放，外资准入门槛降低，外资银行更大范围地进入

①齐靓靓,曹添雅. 金融科技视角下商业银行经营模式的创新[J].内蒙古科技与经济,2022(19):67.

我国金融市场，加剧了与我国银行业的市场竞争；另一方面，随着金融科技公司的迅猛发展，一些新型理财服务、支付业务以其方便快捷、收益更高且服务多元化的优势给商业银行的资产业务、负债业务、中间业务带来了巨大的影响，抢占了商业银行的业务资源和获客渠道，使商业银行不得不进行科技创新转型来满足客户的需求、应对行业间的竞争。

第二，经营模式受到冲击。①金融科技的发展本质上推动了利率市场化的进程，利率波动的不确定性影响银行存贷利差的空间，给商业银行高度依赖利息收入的传统经营模式带来了严峻的考验，对商业银行的营业收入产生了深刻的影响。②银行传统的资产定价模式使客户在选择金融产品时不能很好地与自身资产预期相切合，综合收益也难以获得准确的测算，不能满足客户真正的需求；在资本负债管理方面，传统流程显得冗杂，使客户的时间成本增大，再加上商业银行机构网点多，所需工作人员多，商业银行日常经营开支大，且传统商业银行的客户群体来源少，多为线下客户。

第三，银行盈利水平下降。随着金融科技公司的快速发展，金融脱媒加速，使商业银行存贷款增长波动、存贷款利差空间缩小，这些都极大影响了商业银行的盈利水平。例如，余额宝转存资金快捷、支付方便、利率高于商业银行活期存款、提供各种个性化金融服务、安全系数高；众筹有准入门槛低的优势，大量的创业者选择此种方式筹集资金，投资者可以根据自己的投资偏好进行投资，从而得到收益；网络信用借贷平台以借呗为例，其以借出资金门槛低、资金流动性强、还款方式多样、受众群体广等一系列优点吸纳了更多的客户。金融科技公司以其技术优势在业务领域弱化了商业银行的金融中介职能，在一定程度上抢占了商业银行的盈利市场。

第四，金融风险扩大。随着金融科技在商业银行中的应用不断深入，一系列金融风险也显现出来。我国金融市场与国际金融市场相比，发展不够完善，不够成熟，面临着国内和国际复杂的经济和经营环境，商业银行的市场风险不容小觑；同时随着金融科技的发展，利率市场化进程不断加快，利率波动多变，利率风险有所上升；不良贷款比率不断上升，商业银行也需要多加防范贷款的违约风险；商业银行内部科技力度的加大，产品和业务更新加快，用户的数据、消费习惯、交易记录等都储存在大数据中，加大了商业银行风控系统的不确定性和数据的不真实性，增大了商业银行的信用风险。

二、金融科技视角下商业银行经营模式创新的策略

（一）有效推动经营产品创新

1. 运用金融科技加大产品差异化

商业银行在与金融科技融合发展的进程中，应当注重产品的差异化。以商业银行近年

来发展迅猛的零售业务为例，不仅需要提供投融资智能咨询产品，而且需要在消费信贷、票据承兑、信用卡、贵宾理财等方面创新相应的业务产品。例如，在资产定价的问题上，应用智能投顾，依靠云计算技术对综合收益进行测算，更新现代投资理论，根据大数据技术分析客户的消费偏好，为客户提供多元化的投资组合策略，进行差异化营销，满足客户的个性化需求。在大众融资难的问题方面，商业银行可以提供小额快速贷款产品，同时推出相应安全联保产品，从而发展普通客户群体。除此之外，现在的年轻人越来越注重财富管理，商业银行应借助互联网积极开放线上渠道，建立直销银行，研发线上产品，这样既减少了客户时间成本，又为商业银行简化了业务流程。

2. 有效创新金融科技服务模式

（1）客户群体服务模式。①针对不同的客户群体开发相应的金融科技产品。对于老年客户群体，银行可以加强与医疗保险业的合作，为客户提供生命周期管理产品；对于年轻客户群体，商业银行应更注重网上零售产品的开发，拓展线上渠道，从而增加客户的黏性。②为不同的企业提供与其发展相切合的金融科技产品。对于初创企业，商业银行可以依据大数据和云计算对现代市场经济信息的统计与分析，给予贷款优惠、智能咨询和上市顾问等服务；对于上升期企业，可以提供发展并购、多元贷款类产品；对于成熟期企业，可以提供激励融资、财富管理类服务。

（2）互联网平台服务模式。随着互联网平台在商业银行内部的不断建立，商业银行应搭建网络安全支付平台，充分利用金融科技公司的第三方支付技术，完善互联网支付服务；用商业银行的良好信用提供网络信贷服务，增加人工智能信贷审批产品，加强与众筹等金融服务平台的合作，拓宽客户群体。

（3）银政联合服务模式。银行应加强与政府的合作，探索"1+X"的智慧政务产品。"X"可以是社保领域的保费电子收缴、电子社保卡签发，也可以是住建领域的一站式住房贷款产品。

3. 构建金融科技产品体系

商业银行在应用金融科技创新金融产品的过程中，应当注重银行资产、负债、中间、国际和联行往来业务的"产品—咨询—结算—信用"综合体系的构建。①上线各类业务类产品如校园贷、创业贷、最小金额贷款、科技保险贷、期权贷款、资产证券化、手机钱包、智能合约等产品；②创建智能窗口，为客户提供咨询服务；③开发手机 App 交易平台；④提供网络信贷产品，进行身份信用智能验证。

（二）科学完善商业银行组织结构

第一，建立完整组织架构，促进各项资源有效整合。由于传统商业银行经营管理层级多，且人员冗杂，信息不够透明，整体机制不高效，在金融科技视角下，应着重实施轻管理方案。①科学规范组织架构。通过整合各部门的管理职能，优化管理层级，实施垂直化管理方式，并建立金融科技部门，协调各部门工作，提高商业银行管理效率。②创新管理机制。通过严格把控管理层各自职责，缩减网点工作人员，引进金融科技专业化人才，建立风险预警机制和信息安全中心，对商业银行进行精细化和整体化管理，从而使商业银行向好发展。

第二，创设专门运营机构，实现经营模式专业化。①建立金融科技子公司。通过设立专门的基于金融科技场景建设的子机构，聚焦客户，给商业银行金融科技产品的研发、内部机构的合作交流以及业务的运营创造极大的发展机遇。②创新信贷工厂模式。打造从人员、机器设备到经营信贷产品的专业化运营机构，从而优化信贷结构。③搭建IT架构平台，设立数据研发机构，组建数据分析团队，使信息、客户数据、软件中心一体化电子化运作，从而为商业银行的经营赋新能。

第三，优化内部管理机制，提高业务运营效能。①业务集约化管理，在银行后台设立业务集约中心，为商业银行经营模式的创新提供综合化管理基础。②依据大数据的信息优势，对商业银行内部业务进行全方位的监测，评估预测可能发生的风险，同时创新风险管理机制，改善外部风险控制环境，建立风险预警机制。③成立金融科技委员会，将数据处理和信息管理归入金融科技部门，进行专业化管理。依托集约化管理、监测机制和金融科技部门的创设形成一套清晰的内部管理场景式视图，推进商业银行内部业务处理和服务的创新，打破业务壁垒，加强部门间技术与业务的合作，从而提高商业银行业务运营的效能。

（三）加强提升商业银行渠道效能

1. 创建"四化"型商业银行

（1）发展虚拟化银行。依托云计算技术搭建一个综合资源共享云平台，简化商业银行的业务流程，减少设备采购和运维成本、人力成本，从而提高运营效率。基于手机App加大网银产品研发力度。通过手机App，用户可以直接在手机上进行业务办理，从而节省时间。

（2）打造数字化银行。基于区块链技术，大力发展跨境交易业务，拓展产品渠道；创新与国外业务贸易往来的支付方式，采取一站式支付。

（3）建立信息化银行。随着大数据技术的不断精进，建立客户数据信息库，优化算法性能，商业银行可以依据收集到的信息对客户进行甄别从而进行授信贷款，并根据客户的偏好提供个性化产品；对客户网络社交信息进行数据分析，针对客户画像，了解客户需求、履约情况等综合信息，从而提升商业银行的精细化管理水平。

（4）构建智能化银行。引进并推出智能设备，引入人工智能机器人，拓展人工智能应用场景；加大人工智能平台的建设力度，对人工智能进行赋能，对智能投顾、智能金服等客服系统进行升级改造，从而提升客户的体验感和满意度。

2. 引进设备，重视人才培养

随着金融科技在商业银行业务领域的应用更加广泛，金融产品更新换代的速度不断加快，商业银行应当注重对科技人才的培养。

（1）引入高素质人才或者培养金融科技类管培生来促进技术交流。除此之外，引入更先进的设备提高商业银行整体科技水平，学习借鉴发达国家银行的经营模式，本着"以我为主，为我所用"的原则，结合我国商业银行的现状，做出推动商业银行发展的决策。

（2）加强同行业之间的交流学习，发挥各自的优势，用技术联合的方式不断弥补自身发展的不足，再将金融技术更加精准地应用到相关产品中。

（3）拓展人工智能应用范围，提高服务质量水平。例如智能柜员机、人脸识别和声音识别等客户认证方式，这些渠道不仅提高了工作效率，而且提高了客户对银行服务的认可度。

3. 多维度合作，拓宽获客渠道

（1）商业银行与金融科技公司合作。商业银行在长期经营中拥有与客户稳定的业务往来关系，金融科技公司则利用自身的相关技术记录了大量消费群体的消费习惯与交易偏好数据，两者可以建立客户信息的数据库，联合开发新的金融服务产品，实现渠道互通。

（2）商业银行与其他金融服务业合作。商业银行以资金来源安全性高、风险管控经验足和信用优势，可以加强与证券、基金、保险业的合作，开发信贷资产证券化、开放式基金托管、代理保险等业务，商业银行可以销售多样化的产品，这将极大地提高客户的满意度，从而吸引到更多的客户群体。

第三节　金融科技推动下的普惠金融商业模式创新

一、传统普惠金融商业模式分析

"商业模式是企业与其利益相关者的交易结构，包含定位、业务系统、关键资源能力、盈利模式、自由现金流结构以及企业价值等六个要素。"[1] 在定位方面，传统普惠金融服务提供主体主要来自传统金融机构转型以及民间金融创新，它们对资金需求小额分散、成本高、风险大的小微群体服务动力不足，因此传统普惠金融商业模式仍存在"二八定律"。在业务系统上，村镇银行、小额贷款公司、农村资金互助社等传统普惠金融机构主要依托物理网点开展面对面的交易，产品服务单一且业务流程烦琐，在信息收集、交付服务、风险管控环节需要耗费大量人力，交易成本偏高。在关键资源能力方面，传统普惠金融主要依赖大储量的资金资源、中高端客户资源、物理网点、严格的风险审核和资金监管能力。在盈利模式方面，传统普惠金融机构业务成本主要是资金成本、运营成本、风险成本；收入来源上，村镇银行、农村资金互助社依靠存贷利差收益盈利，小额贷款公司的盈利来源则包括贷款利息、过桥业务中介费、同业拆借的息差、转卖客户源的资源中介费等。在现金流结构上，由于物理网点建设一次性投入较大，加之管理费用、人力成本、设备折旧等，运营成本较高，难以实现商业与社会的双重效益。在企业价值方面，传统普惠金融服务覆盖面不大、效率较低、门槛较高，社会效益有待提升。

二、金融科技带来的普惠金融商业模式创新

金融科技是金融与科技的有机融合，具有"去中介化""去中心化""定制化"的特点，对普惠金融具有较大的影响。目前，与传统普惠金融商业模式相比，金融科技带来的普惠金融创新性商业模式更具普惠价值，主要体现在以下四个方面。

第一，在扩大金融服务覆盖面、增强金融服务可获性方面，金融科技凭借互联网移动终端带来的客流量可以延长普惠金融服务半径，扩大服务的覆盖范围。互联网技术的使用也使移动终端的客户可以更加便捷地获得支付、融资、保险、投资等金融服务。同时，金融科技依靠大数据与云计算技术打破了时间和空间的限制，有助于打通金融服务"最后一公里"，使偏远地区的弱势群体能享受合理的金融服务。另外，金融科技基于区块链点对点的网络关系可以进行点对点的支付和价值转移，在空间上延展了消费者的支配能力，打破了地理空间的限制，将金融服务触角延伸至偏远地区或低收入人群，提升金融服务的可获得性。因此，金融科技有效缓解了传统普惠金融覆盖率不高、金融资源配置不当的问题。

第二，在降低交易成本、平衡商业利润和社会效益方面，首先，金融科技利用大数据与云计算技术分析和处理互联网社交、消费、工作以及生活各方面数据，高效评价客户信用水平；依靠区块链技术还可以将所有信息实时记录并存储在可验证有效性的分布式网络

---

①李明贤,李琦斓.金融科技推动下的普惠金融商业模式创新研究[J].农村金融研究,2020(4):10.

节点上，形成可跟踪、可追责的信用体系，从而缓解信息不对称，削减信息成本。其次，互联网移动终端的客流量会降低获客成本。大数据、云计算与人工智能相结合既可以将交易过程简单化、自动化，大幅削减人力成本，又可以通过精准分析客户行为特性等对风险进行科学评估，降低金融机构风险管理成本。因此，虽然金融科技的基础设施建设固定成本较高，但金融交易的边际成本会降低，有助于平衡商业利润和社会效益，实现可持续发展。

第三，在简化业务流程、提升金融服务效率方面，金融科技可以整合海量数据，有效甄别用户信息，将风险显性化，在极大程度上简化信用审核流程。而利用区块链技术可以将所有信息实时自动记录并存储在分布式网络的节点上，从而建立一个高度透明的分布式账本，有效缩短金融后端业务流程。同时，金融科技依靠大数据、云计算以及人工智能技术可以快速收集并处理信息，提升金融服务效率。

第四，在优化产品和服务、提升客户体验方面，金融科技利用大数据获得用户及行业的大量信息，并通过云计算技术对信息进行快速有效的分析，从而增强对消费者需求的感知，开发并提供与需求高度匹配的产品或服务。另外，人工智能利用心理学、决策理论等知识与算法模型的结合主动挖掘客户的金融需求，为客户定制个性化金融方案，实现"千人千面"的差异化服务，丰富金融产品和服务的多样性，在提高金融服务质量的同时提升客户体验。

三、金融科技推动下普惠金融商业模式创新的运营对策

第一，开展数字普惠金融教育，提升弱势群体的金融素养。数字普惠金融教育的开展应由政府、金融机构以及教育机构协同规划，尤其要对偏远地区的教育人力资源进行深度挖掘，建立畅通的金融科技信息传播机制以及长效的金融知识教育机制，开展常态化的金融教育。常态化金融教育的实现可以提高弱势群体对数字普惠金融产品服务本质、特点等的认识，从而缓解本能的不信任，也可以增强弱势群体应用数字技术、挑选金融产品、识别和防范金融风险等方面的能力，从而缓解数字技术带来的技术性金融排斥，避免数字鸿沟的产生。

第二，线上线下服务相结合，增强弱势群体与数字普惠金融的联结。针对弱势群体金融素养不高的现实，我们不仅要从弱势群体入手开展数字普惠金融教育，还应转变服务模式，通过线上线下服务相结合使数字普惠金融切实走进弱势群体。在线上服务中，金融机构可以针对性地开发操作简单的低门槛数字金融产品和服务，提高弱势群体参与数字普惠金融的积极性。在线下服务中，可以设立数字普惠金融服务咨询点，指导弱势群体运用移动终端办理线上数字普惠金融业务，让弱势群体在使用体验中增强对数字普惠金融的信

任，并逐渐习惯使用数字普惠金融产品及服务。同时，线下的数字普惠金融服务咨询点还可以发挥另外两方面作用：一是可通过定期开展数字普惠金融教育提升居民金融素养；二是利用其贴近弱势群体可有效采集信用数据的优势，加快建立弱势群体信用档案。

第三，深化征信体系建设，缓解信息不对称带来的金融风险。首先，地方政府应主导金融业与税务、市场监管、公安等部门之间的合作，整合地方资源，利用区块链技术建立征信数据平台，并将符合要求的第三方征信企业接入系统，从而实现信息共享，打破信息孤岛，缓解信息不对称。其次，政府应尽快统一征信数据标准，促进征信业务的健康规范发展。另外，还应加快开展区块链的标准化工作，增强可操作性、可拓展性、可靠性以及安全性。同时要完善与信息使用授权、数据所有权、采集数据范围以及泄露数据后法律责任认定等有关的法律法规，从而有效保护数据安全。

第四，建立有效的金融科技监管体系，创造良好的市场环境。一是根据数字普惠金融混业经营的特点，同时开展综合监管与功能监管，建立综合性的数字普惠金融监管部门，实现对不同金融业务的统一监管，避免金融业务交叉地带的监管空白。二是监管部门要制定科学完整的行业标准，设立有效的市场准入机制、实时监测机制、退出机制，引导良性竞争，规范金融科技企业的发展。三是制定适当的信息披露标准，建立信息披露平台，从而有效保护消费者权益。四是利用数字技术丰富数字普惠金融监管手段，增强监管系统对隐蔽性金融风险的防控能力。五是借助监管沙盒对数字普惠金融创新与风险防控之间的关系进行平衡，避免创新过度或监管过度，促进数字普惠金融的健康可持续发展。

第四节　金融科技技术溢出、吸收能力与商业银行创新

一、金融科技技术溢出与商业银行创新的联系

技术溢出是指一种技术在特定领域的应用之外，也可以在其他领域或组织中产生积极影响的过程。在金融科技领域，技术溢出意味着金融科技公司开发的技术和创新不仅在其自身领域有用，还可以传播到传统商业银行等金融机构中，从而影响整个金融行业。

第一，技术溢出与商业银行的创新。金融科技技术溢出对商业银行最显著的影响之一是促使它们积极学习金融科技的新思想和新技术，以实现产品和服务的创新。随着金融科技公司的不断发展，它们在支付、信贷、风险管理等领域引入了许多先进的技术，如大数据分析、人工智能和区块链等。商业银行开始意识到，这些技术和方法可以帮助它们改善客户体验、提高运营效率以及降低风险。因此，它们积极借鉴金融科技的最佳实践，试图

将这些技术应用到自己的业务中，以推动创新。商业银行通过技术溢出获得了宝贵的机会，可以采用金融科技公司已经验证过的方法，并根据自身需求进行定制和调整，这种知识的传递和应用有助于商业银行更加灵活地适应市场的变化和满足客户的需求。例如，商业银行可以借鉴金融科技公司在数字支付方面的成功经验，开发出更便捷、安全的支付解决方案，满足现代消费者的需求。

第二，技术溢出与商业银行的创新绩效。技术溢出不仅仅是关于知识的传递，还涉及商业银行如何吸收和应用这些知识，以提高其创新绩效。商业银行需要具备吸收外部技术的能力，这包括了解这些技术、培训员工、更新基础设施以及调整内部流程。通过这些举措，商业银行可以更好地应对技术溢出带来的机会和挑战。商业银行的创新绩效能否提高在很大程度上取决于其能否有效地吸收和应用金融科技技术溢出。成功的吸收和应用可以显著提高创新绩效，包括产品和服务的质量、效率、市场竞争力和客户满意度，这些因素将进一步增强商业银行的核心竞争力，从而帮助其在市场上脱颖而出。

第三，技术溢出对商业银行经营绩效的影响。商业银行通过提高创新绩效不仅可以提升其核心竞争力，还能改善其经营绩效。由于金融科技技术溢出的积极影响，商业银行可以降低运营成本、提高效率、减少风险，从而提高盈利能力。此外，通过创新产品和服务，商业银行可以吸引更多的客户，扩大市场份额，实现更好的财务表现。需要注意的是，技术溢出还可以帮助商业银行更好地应对来自金融科技的冲击。随着金融科技的不断发展，它们在金融领域中的地位不断提升，威胁着传统商业银行的市场份额。商业银行通过积极学习和应用金融科技的技术溢出，可以更好地适应市场的竞争压力，从而保持竞争力并维持盈利能力。

二、金融科技吸收能力的基本内容

随着科技的不断发展，金融业也在不断变化，金融科技已经成为金融行业的一个关键趋势。金融科技吸收能力的水平对于金融机构和市场的竞争力和可持续性具有重要影响。金融科技吸收能力包括以下六个方面。

第一，技术基础设施。金融机构需要具备现代化的技术基础设施，以便能够支持金融科技应用的运行和集成，这包括硬件、软件、网络和云计算等方面的设施。

第二，人才能力。金融机构需要拥有高素质的员工，包括技术专家、数据分析师和数字化营销人员等，以便能够理解、开发和管理金融科技解决方案。

第三，法律和监管环境。金融机构需要遵守国家和国际的法律和监管要求，以确保金融科技应用的合法性和合规性。

第四，数据管理和安全性。金融机构需要建立强大的数据管理和信息安全体系，以保护客户数据和交易信息，防范网络攻击和数据泄露。

第五，合作伙伴关系。金融机构需要积极与科技公司、初创企业和其他合作伙伴合作，以获取最新的科技创新和解决方案，以及共同推动金融科技的发展。

第六，文化和组织变革。金融机构需要在组织内部推动文化和变革，以适应金融科技的新模式和方式，包括更快的决策过程、更加敏捷的产品开发和更加注重客户的服务。

三、金融科技对商业银行的创新

（一）商业银行整体创新绩效提升的策略

1. "金融科技显性技术溢出+隐性技术溢出"策略

在金融科技显性技术溢出为主、隐性技术溢出为辅的背景下，我国商业银行可以采用以下策略来提升创新绩效，需要考虑金融科技技术的双重溢出效应、银行规模、宏观经济环境和货币政策等多个因素的协同作用。

（1）主要侧重于金融科技显性技术溢出。在这一情境下，商业银行应着眼于充分发挥金融科技显性技术溢出所带来的成熟新技术、新产品和新服务，这可以通过积极采纳、应用这些成熟的技术来实现。商业银行需要在内部组织中培养技术人才，同时与金融科技企业建立合作关系，将这些技术整合到银行的业务中，以提高创新绩效。

（2）辅以金融科技隐性技术溢出。商业银行还应利用金融科技隐性技术溢出的机会，引进具备相关经验的金融科技技术人员，并与实力强大的金融科技企业进行合作，这将有助于将隐性技术溢出的经验和知识与银行的实际情况相结合，以推动创新绩效的提升。

2. "金融科技显性技术溢出+吸收能力"策略

在金融科技的领域，金融科技的技术溢出效应以及组织的吸收能力至关重要。在这一背景下，我国商业银行有两种主要路径来提高创新绩效。首先，商业银行需要充分利用金融科技的显性技术溢出，同时发挥其自身的吸收能力，以吸收金融科技的新思想和新技术，将其内化并应用于自身的运营。即使没有其他条件的支持，商业银行也能够实现创新绩效的提升。可以看出，商业银行创新绩效的提升需要金融科技显性技术溢出和吸收能力相互配合。具体而言，商业银行应主动应对和有效利用金融科技显性技术溢出所带来的成熟新技术、新产品和新服务，同时提升和充分发挥自身的吸收能力，将这些新技术、新产品和新服务与自身特点相结合，通过识别、吸收、转化和应用，以提高自身的创新绩效。其次，以金融科技显性技术溢出为核心，商业银行可以依托自身的规模优势以及经济政策和货币政策的支持，即使金融科技的隐性技术溢出效应不明显，也能够提高创新绩效。

（二）各类商业银行创新绩效提升的策略

1. 国有控股大型商业银行创新绩效提升策略

我国国有控股大型商业银行实现创新绩效的提升有两种主要路径，这两种路径都将金融科技显性技术溢出和吸收能力视为核心要素，显示了它们在国有商业银行创新绩效提升中的普遍重要性。以下是对这两种路径的具体分析。

（1）以金融科技显性技术溢出和吸收能力为核心，同时充分利用有利的经济和货币政策环境以及自身规模的优势。在这种情况下，即使金融科技的隐性技术溢出效应不明显，只要具备上述条件的组合，国有商业银行就能提高其创新绩效，这一路径凸显了创新绩效提升的重要因素，其中包括金融科技显性技术溢出、吸收能力、银行规模、宏观经济环境和货币政策五个方面的协同作用。

（2）以金融科技显性技术溢出和吸收能力为核心，但也利用了金融科技隐性技术溢出所带来的人员流动效应和关联效应。在这种情况下，即使其他辅助条件有所不足，国有商业银行仍能提高创新绩效。这一路径侧重于核心要素，即金融科技显性技术溢出和吸收能力，而金融科技的隐性技术溢出则起到了辅助作用。具体而言，商业银行应积极应对和充分利用金融科技显性技术溢出带来的新思想、新技术和新产品服务，同时提升自身的吸收能力，辅以金融科技隐性溢出所带来的人才引进和与金融科技企业的合作。通过自身吸收能力、金融科技技术人才的能力以及金融科技企业的先进经验，将新思想、新技术和新产品服务与自身实际情况相结合，推动创新，提高创新绩效。

2. 股份制商业银行创新绩效提升策略

在我国的股份制商业银行，创新绩效的提升有两种关键路径，其中金融科技显性技术溢出、隐性技术溢出和吸收能力是核心条件，起着普遍作用。我们可以具体分析这两种提升路径。

（1）依赖于金融科技显性技术溢出、隐性技术溢出和吸收能力，即使其他辅助条件缺失，股份制商业银行也可以提升创新绩效。同时，它们需要加强自身的吸收能力，吸引金融科技领域的专业人才和借鉴金融科技企业的先进经验。通过将这些新理念、新技术和新产品与自身情况相结合，实施创新，从而提高创新绩效。

（2）以金融科技显性技术溢出、隐性技术溢出和吸收能力为核心条件，但股份制商业银行还依赖于有利的经济和货币政策以及自身的规模优势。在这种情况下，股份制商业银行可以利用金融科技显性技术溢出带来的新思想、新技术、新产品和服务，以及隐性技术溢出所带来的人员流动效应和关联效应，充分利用优越的经济和货币政策的支持。此外，它们需要提升吸收能力，并结合自身规模优势更好地将这些新理念、新技术和新产品通过识别、消化、转化、应用的方式进行创新，提高创新绩效。

3. 城市商业银行创新绩效提升策略

我国城市商业银行的创新绩效提升策略可以分为三种主要路径，其中两种路径侧重于金融科技的隐性技术溢出，而第三种路径则强调银行规模、宏观经济环境和货币政策，这表明金融科技的隐性技术溢出在城市商业银行创新绩效提升中扮演核心角色；同时，城市商业银行的创新绩效也受到银行规模以及经济和货币政策的影响。

（1）城市商业银行可以侧重于充分利用金融科技的隐性技术溢出，以提高创新绩效，这包括引进金融科技人才，加强与金融科技企业的合作，并利用隐性技术溢出所带来的人员流动和关联效应。即使金融科技的显性技术溢出效果不确定，只要注重人才和合作，城市商业银行依然可以提升创新绩效，这一路径的核心是金融科技的隐性技术溢出。

（2）城市商业银行的创新绩效提升需要依赖银行自身规模、宏观经济环境和货币政策，以及吸收能力作为辅助条件，即使金融科技的显性技术溢出存在与否不重要，隐性技术溢出并不是关键因素，这一路径的关键要素是银行规模、宏观经济环境和货币政策。

（3）城市商业银行的创新绩效提升需要金融科技的隐性技术溢出作为核心条件，同时金融科技的显性技术溢出、银行规模、宏观经济环境和货币政策作为辅助条件，吸收能力在这一路径中似乎不起关键作用。城市商业银行可以通过国家的经济和货币政策支持，充分利用隐性技术溢出，引进金融科技人才，合作金融科技企业，以吸收显性技术溢出的新思想、新技术和新产品，从而提高创新绩效。

4. 农村商业银行创新绩效提升策略

我国农村商业银行在提升创新绩效方面，存在三种关键路径，其中金融科技显性技术溢出是核心条件之一，这表明金融科技显性技术溢出在农村商业银行创新绩效提升中具有广泛适用性。以下是对这三种提升路径的详细分析。

（1）侧重于金融科技显性技术溢出和隐性技术溢出，这两者是关键条件。即使其他组织和环境因素如吸收能力、银行规模、宏观经济环境和货币政策不完备，农村商业银行通过有效利用金融科技技术溢出，可以提升创新绩效，这种情况凸显了创新绩效提升路径的重要性。可见，农村商业银行的创新绩效提升需要金融科技显性技术溢出和隐性技术溢出的协同作用。具体而言，农村商业银行应积极融合金融科技显性技术溢出所带来的新思想、技术、产品和服务，以及隐性技术溢出的人员流动效应和关联效应，这可以通过引进金融科技专业人才，与金融科技企业合作，并将这些新观念和技术与银行自身情况相结合，从而提升创新绩效。

（2）强调金融科技显性技术溢出和吸收能力的关键性。在这两个条件存在的情况下，即使缺少金融科技隐性技术溢出、银行规模、宏观经济环境和货币政策等因素，农村商业银行仍能提升创新绩效。

（3）强调金融科技显性技术溢出和隐性技术溢出，同时还需要有效利用有利的经济和货币政策，以及银行自身规模优势。即使吸收能力有所不足，也可以通过国家政策和银行规模的优势来提升创新绩效。同时，引进金融科技专业人才和加强与金融科技企业的合作，将这些新观念和技术与银行自身实际情况相结合，以提高创新绩效。

第七章
金融科技的合作伙伴关系创新

第一节 科技创新平台的合作伙伴选择

"创新平台源于产学研合作，又不同于传统意义上的产学研合作，涉及高校内部资源优化和社会资源整合的诸多因素，是一种以高校为中心的全新合作创新模式。"① 许多高校，尤其是一些原本隶属国家工业部委，现划转教育部、具有鲜明行业特色的重点大学，正在积极探索建立全方位、多模式、深层次、规范化的产学研合作新体制。建设富有行业特色的高校科技创新平台，对于全面增强我国行业核心竞争力、建设创新型国家，具有积极的意义。合作伙伴的选择，是关系到平台建设成功与否的一个关键环节，具体如下。

一、科技创新平台合作伙伴选择优势的互补性

建设创新平台的一个重要目的就是合作伙伴之间实现资源共享、优势互补。如果合作伙伴没有独特的资源和优势，无法对联盟做出贡献，就失去了合作的基础。明确竞争优势之后，就要分析这种优势对于平台其他各方是否具有互补性，这种互补性是否为联盟所需要。互为补充和互相需要的特性是优势组合之后能否产生协同效应的基本前提。只有满足联盟合作各方的互补性需要，降低交易成本，才能产生协同效果，实现各组织独立运作时难以获得的持续竞争优势。

现代科技发展趋势呈现高度分化和高度集成的特点，几乎每一项重大的突破性创新，都是大规模合作研发的结果，涉及行业发展的重大关键技术同样如此。单一创新组织的核心能力只是在某些方面或者某些领域具有一定优势，不可能在整个创新链中都处于主导地位。同时，重大创新还具有高投入、高风险的特点，单一组织无法承担所需要的巨额投入以及失败带来的巨大风险，需要国家、企业和风险投资者的共同参与，才能确保项目的顺利进行。因此，必须明确参与各方在基础研究、应用研究、试验发展、信息服务、市场营

---

①陈磊,张永宁.科技创新平台的合作伙伴选择[J].武汉理工大学学报(信息与管理工程版),2008
(2):273.

销、资金筹措、基础设施和政策环境等方面具有哪些独特的竞争优势，这种优势是否为平台所需要，对于实现平台目标可以做出哪些预期贡献。在此基础上，建立能够整合各自优势、发挥协同效应的管理体制。这样，创新平台建立起来的合作机制为平台研究工作提供了政策环境、资金保障和信息渠道，使创新过程不同环节具有不同优势的组织之间能够进行充分的人员交流和知识交流，在较短时间内形成强大的研发能力，加快产业化进程，抢占市场先机。

二、科技创新平台合作伙伴选择战略的协同性

战略目标的协同性表现为参与各方的长期目标与创新平台的发展战略基本一致，在平台目标的统领下，各方通过资源和能力上的互补，实现各自的战略目标。利益是驱使各方缔结联盟的根本动力，如果参与各方无法从平台建设中获得更大的利益，那么平台就很难维持下去。因此，在选择合作伙伴时，首先要考虑参与方的发展目标与平台的发展目标是否有融通点；其次要考察合作伙伴之间的发展目标是否冲突；最后要考虑合作伙伴从平台建设中所预期的收益。

科技创新平台的战略目标是全面增强我国行业核心竞争力和自主创新能力，战略重点是进行具有基础性、战略性、前瞻性的自主创新研究，解决行业的共性关键技术问题。如武汉理工大学提出的"绿色节能建筑材料创新平台"建设项目，就是基于该校的材料学科特色和优势，与相关企业、科研院所进行深层次合作，旨在解决建材工业存在的资源短缺、高能耗、高污染等关键技术问题。合作伙伴对平台发展战略的认同程度，直接影响到他们的选择意向和参与热情，因为合作伙伴需要从平台总战略中找到自身发展的共同点，预测自身的未来收益。另外，合作伙伴之间发展战略的差异也直接影响他们对平台的投入程度和合作程度。技术领先战略和技术紧跟战略将在很大程度上决定企业参与重大突破性技术的态度，而国际市场取向和国内市场取向也会促使企业审视目前和潜在的竞争对手，并在合作中保持一定距离。如果合作伙伴与平台目标缺乏共同点，或者存在战略冲突，就会提高平台的协调成本。如果增加的协调成本高于平台合作所降低的交易成本，创新平台就失去了意义。因此，各方必须形成共识，即面对高度专业分工和不确定性的竞争环境，通过合作创新，把握发展机遇，实现科研资源优化配置，改造传统产业，带动新兴产业，共同做大市场，从而实现双赢和可持续发展。

三、科技创新平台合作伙伴选择文化的相容性

每个组织都有自己独特的组织文化，能否建立基于信任的文化对于平台的生存和发展十分重要。双方在文化上的适应和认同，在很大程度上可以避免伙伴之间的道德风险和逆向选

择行为。组织文化的形成来自战略、结构、制度、风格、员工、技能和总目标七个方面，改变一个组织的文化绝非易事。一般来讲，文化相似的组织相比文化差异较大的组织更容易合作。但是，联盟的一个重要目标就是组织间学习，即学习对方的长处。过分强调文化的相似性，就削弱了组织学习的动力。对于创新平台而言，涉及众多组织文化和管理模式迥然不同的多种组织，实现文化同化是不现实的，而彼此之间的文化抵制只能导致平台的解体。因此，在挑选合作伙伴时，必须充分了解各方的文化差异和这些差异的可控性，以及对平台运行的潜在冲击。恰当的方式是合作各方互相尊重和理解文化差异，建立一个有效的沟通协调机制。互相尊重，求同存异是选择合作伙伴的基础前提。在合作过程中，相互借鉴和吸收对方的优势，不断加强组织学习，充实和改善自己的竞争力，实现自身文化的提升。各种文化在联盟中相互渗透，最后形成合作伙伴能够认可的创新文化，既融合各种文化特色，又有鲜明的平台特征，确保平台成员有统一的、相互信任的文化基础。

文化相容和相互信任是相辅相成的。合作伙伴能否建立起基于信任的组织文化，对于科技创新平台的未来走向具有决定性的影响。只有平台各方围绕共同的战略目标长期合作，建立互相信任的价值观和行为模式，平台才能长期存在并持续发展。尤其当面临外部环境重大变革时，高度信任的关系有利于维护平台的发展。对于原隶属国家工业部委、现划转教育部的院校来讲，由于与大型国有骨干企业、科研院所具有相似的行业背景和多年的合作基础，以及充足的校友资源，这种宝贵的社会资源有利于建立起相互信任的合作关系和良好的协调机制，促进平台的有效运转。强调信任并不意味着在原则问题上的迁就，对于知识产权、利益分配等需要事前做出明确的约定。

第二节　供应链战略合作伙伴关系分析

供应链战略合作伙伴关系分析是一种关键方法，可以帮助组织更好地管理与供应链伙伴的合作，以实现战略目标。以下探讨与合作伙伴的选择、目标和期望、合同和法律事项、绩效度量、风险管理、沟通和合作、持续改进以及投资和资源分配等关键因素，为读者提供全面的见解。

供应链合作伙伴关系一直是组织成功的关键因素之一。在现代全球化和高度竞争的商业环境中，建立强大的供应链战略合作伙伴关系对于确保产品和服务的高质量、可靠交付、成本控制以及风险管理至关重要。因此，供应链战略合作伙伴关系分析成为组织优化其供应链战略的不可或缺的一部分。

第一，供应链战略合作伙伴的选择。确定合作伙伴是供应链战略合作伙伴关系分析的首要任务。组织需要仔细考虑潜在合作伙伴的能力、可信度和战略价值，主要包括分析他们的历史记录、财务稳定性和核心能力。选择正确的合作伙伴可以为组织带来竞争优势，降低风险，提高效率。

第二，供应链战略目标和期望。明确战略目标和期望对于供应链合作伙伴关系的成功至关重要，这些目标可以涵盖成本降低、交付可靠性、质量改进等各个方面。确保所有合作伙伴都清楚地了解这些目标，以便共同努力以实现它们。

第三，供应链战略合同和法律事项。评估合同和法律要求以确保它们充分保护组织的利益至关重要。合同应该明确定义双方的责任和义务，并确保合作伙伴关系的透明度。法律事项的考虑包括知识产权、争议解决机制和合规性要求等。

第四，供应链战略合作伙伴的绩效度量。制定合适的绩效指标和度量标准，以监测供应链伙伴的绩效，并确保它们与战略目标一致，这些度量可以包括交货准时率、库存水平、质量标准等。绩效度量可以帮助组织识别潜在的问题并及时采取措施。

第五，供应链战略合作的风险管理。供应链伙伴关系往往伴随着各种风险，包括供应风险、法规风险、地缘政治风险等。组织需要制定相应的风险管理策略，以减轻这些风险的影响，这可能包括多源供应、备用计划和风险分析。

第六，供应链战略合作伙伴的沟通和合作。建立有效的沟通渠道和协作机制对于供应链伙伴关系的成功至关重要。建立信任和透明度可以帮助解决问题，确保信息的及时传递，从而加强合作伙伴关系。

第七，供应链战略合作伙伴的定期审查和改进。供应链战略合作伙伴关系需要定期审查和改进，组织应该寻求持续改进的机会，包括寻找新的合作机会、优化流程和降低成本。不断学习和适应变化是维持竞争力的关键。

第三节　战略性新兴产业技术创新联盟合作伙伴选择

一、战略性新兴产业技术创新联盟合作伙伴选择的原则

"合作伙伴选择的动机之一在于降低风险、共享收益的同时，减少核心技术外泄的可能。"[①] 理想的合作伙伴不仅需要相互匹配的技术研发实力、生产能力和覆盖广阔的销售

---

①张敬文，江晓珊，周海燕．战略性新兴产业技术创新联盟合作伙伴选择研究——基于 PLS-SEM 模型的实证分析[J].宏观经济研究,2016(5):79.

网络，且需要具备一定的资金基础和相通的文化背景。由此，为了战略性新兴产业技术创新联盟合作伙伴的选择科学有效，需遵循以下三项原则。

第一，技术与资源互补原则。由于战略性新兴产业具有跨学科、跨领域和跨企业等的特点，且技术与资源在联盟各参与方之间配置不均衡，联盟成员具有各自的技术和资源禀赋，由此选择技术与资源互补型合作伙伴，不仅能够聚集创新资源，均衡技术和资源在参与方间差异，形成互补和协同效应，而且能有效缩短研发周期，提高研发成功可能。此外，研究机构可以借助联盟平台实现科技成果转化，企业可以利用伙伴优势加强薄弱的或研发，或营销，或生产等环节，从而增强联盟研发、生产、制造、销售和售后服务等全流程的整体实力。

第二，文化兼容原则。联盟涵盖企业、研究机构、政府三个主要成员，也接纳法律服务、政策咨询等第三方机构，不同类型的机构，带有不同属性的文化特征，即使同产业内不同企业也存在企业文化和价值观上的差异。文化的兼容，对于减少参与方之间的沟通障碍，形成参与方之间坦诚互信的氛围，建立联盟共同准遵守的文化制度和准则都有一定作用。无法兼容的文化则易导致成员之间的矛盾冲突和猜忌行为，逐渐使联盟形同虚设，不能充分发挥平台作用。

第三，风险最小化与收益最大化原则。不确定性和高风险性是战略性新兴产业发展初期基本的特征之一，联盟发展的驱动力在于收益增长的同时风险在降低。因此，在选择合作伙伴时，应考虑能否实现设备共用、研发团队互信、技术资源共享等目标，以减少重复投资，达到共担风险、共享收益的目的。此外，借用联盟平台的力量，不断增强自身技术研发、生产制造和市场运作等方面能力，在"做中学"实现经济效益与非经济效益双丰收。

二、战略性新兴产业技术创新联盟合作伙伴选择的维度

合作伙伴选择是联盟有效运行的基础，也是联盟存在的原动力之一。选择的好坏影响联盟创新能力和创新绩效。依据前文理论分析，结合合作伙伴选择原则，从技术资源、文化背景、信息沟通、合作意愿和合作伙伴等五个维度，进行评价指标的梳理和构建。

第一，技术资源维度。技术资源是企业硬实力的体现，在战略性新兴产业中，竞争的实质是人才的竞争。人才的数量和研究能力直接影响企业的竞争优势，因此投入对技术产出起着关键作用。从技术生态位理论的角度出发，我们可以通过深入研究核心技术资源，分析管理协调能力和价值创造能力维度，考虑技术能力与资源的互补性、合作伙伴承诺性以及兼容性等准则。在此基础上，我们可以构建一套指标体系，包括核心技术水平、新产品开发情况、企业技术开发投入以及企业技术产出情况等。

第二，文化背景维度。文化背景维度在这一背景下显得尤为关键。企业文化作为企业的软实力，具有巨大的影响力。相互兼容的企业文化有助于降低联盟内部的矛盾和冲突，从而维护联盟的稳定性。此外，它对于联盟成员理解联盟的形成原因、明确联盟整体目标，以及实现共赢发展都起着至关重要的作用。同样重要的是，相容的组织文化更有利于有效传播隐性知识，而开放的组织文化能够培养联盟内成员之间的信任感，加强联盟的凝聚力。此外，结合信任和成果机制还能够降低监督成本。在考虑合作伙伴时，我们可以选取四个关键指标来评估其文化背景，包括文化相容程度、开放程度、组织文化的先进性，以及学习态度，这些指标将有助于更好地理解合作伙伴的文化特征，从而更好地规划和管理联盟关系。

第三，信息沟通维度。信息沟通对于提升合作研发的有效性尤为关键，在联盟不同成员进行合作研发过程中，必然产生大量的信息沟通行为，因此，信息沟通的及时性、准确性和沟通渠道的畅通对研发整体而言就显得必要。利用地理上的邻近增加核心企业与合作伙伴互动频率，明确联盟各成员在沟通上的角色，进而消除合作伙伴之间的不信任，提高知识转移效率。

第四，合作意愿维度。合作意愿是联盟成员在技术资源、信息沟通等维度的集中反映，意愿强则利于减少沟通成本，产生协同效应。从技术生态位理论出发，合作意愿会直接导致技术生态位存在重叠的联盟成员选择竞争还是合作的态度。

第五，合作伙伴选择维度。合作伙伴选择是确保联盟顺利运作的基础，也是合作项目成功的关键因素。企业在加入联盟时需要满足一定的技术水平和经营规模，这既是对企业的要求，也增加了联盟的吸引力。从三个不同角度出发，即联盟伙伴的个体因素、联盟伙伴关系因素和联盟合作后的效果因素，我们可以评估合作伙伴的选择，这个评估可以基于多个维度，如市场增长情况、合作伙伴的整体经营水平和技术实力等。

第四节　商业银行金融科技创新战略的合作路径

商业银行金融科技创新战略的成功执行通常需要与不同类型的合作伙伴建立有效的合作关系。下文分析常见的合作路径和建议，以帮助商业银行在金融科技创新方面取得成功。

一、商业银行金融科技创新战略合作的选择

商业银行在选择金融科技创新战略合作时有多种选择，这些合作可以帮助银行实现创

新、提高竞争力和满足不断变化的市场需求。

第一，金融科技初创公司。与金融科技初创公司合作，可以为商业银行带来创新的技术和解决方案，这些初创公司通常有敏捷的团队，能够更快速地推出新产品和服务，因为它们通常能够快速适应市场的变化。与初创公司的合作可以为银行注入新鲜的想法，加速产品开发周期，并更好地满足客户需求。

第二，科技巨头。与大型科技公司合作，如谷歌、亚马逊和微软，可以为商业银行提供强大的技术和云计算资源，这些公司通常具有强大的研发实力，可以帮助银行加速创新和扩大市场份额。它们的技术和资源可以用于开发先进的数字银行解决方案，提高客户体验，同时确保数据的安全性和可扩展性。

第三，合规和监管专家。与合规和监管专家合作，有助于建立合规和监管框架，以确保金融科技创新符合法规。合规一直是银行业的一个关键问题，与专家合作可以确保银行在法规遵从方面始终保持领先地位，这种合作可以帮助银行建立风险管理和合规流程，以满足监管要求，同时降低合规风险。

第四，其他金融机构。与其他金融机构合作可以实现数据共享和最佳实践的交流，这种合作可以加速创新，提高市场竞争力。它可以涉及共同开发产品、共享客户数据，以及合并资源来提高效率。与其他金融机构的合作可以打破信息孤岛，促进合作和互惠互利，共同应对市场挑战。

二、商业银行金融科技创新战略合作的数据共享

（一）与数据提供商合作

商业银行金融科技创新战略的成功关键之一是与数据提供商建立合作关系。数据提供商能够为银行提供大数据分析、市场数据和客户信息，帮助银行更好地了解客户需求和市场趋势，这种合作对于银行的战略和产品制定具有重要意义。

第一，大数据分析。合作伙伴提供的大数据分析能够让商业银行深入了解客户行为和偏好。通过分析海量的交易数据、客户交往记录以及其他相关信息，银行可以获得更全面的客户洞察，这有助于银行制定更精准的市场营销策略，个性化推荐产品和服务，提高客户满意度。

第二，市场数据。市场数据是商业银行在制定投资策略和风险管理方面不可或缺的资源。合作伙伴可以提供实时市场数据，帮助银行更好地监控市场趋势，识别潜在风险并抓住投资机会，这种数据共享可以提高银行的投资决策质量，减少风险敞口。

第三，客户信息。客户信息是商业银行最宝贵的资产之一。与数据提供商的合作可以

帮助银行增加对客户的了解，这不仅包括基本的身份信息，还包括客户的信用历史、财务状况以及生活方式。通过更全面的客户信息，银行可以更好地量身定制金融产品，提供更合适的信贷额度和利率，增强客户黏性。

第四，制定战略和产品。数据共享与数据提供商的合作有助于商业银行更好地制定战略和产品。通过数据的支持，银行可以更准确地评估市场需求，优化产品组合，降低不良贷款风险，提高盈利能力。此外，银行还可以更灵活地应对市场变化，及时调整战略和产品，以满足客户的需求。

（二）开放式 API

开放式 API（Application Programming Interface，应用程序接口）是另一种数据共享的方式，它允许商业银行与合作伙伴和第三方开发者共享数据。开放式 API 的发展为金融科技领域带来了巨大的创新机会，促进了各种应用程序和服务的集成，增加了客户选择和便利性。

第一，与合作伙伴共享数据。开放式 API 允许商业银行与合作伙伴共享数据，这种合作可以涵盖各个领域，从支付处理到客户身份验证，甚至是创新的金融产品开发。通过与合作伙伴共享数据，银行可以快速响应市场需求，满足客户的多样化需求。

第二，与第三方开发者合作。开放式 API 还为第三方开发者提供了机会，它们可以创建基于银行数据的新应用程序和服务，这种合作鼓励了创新，推动了金融科技领域的不断发展。第三方开发者可以设计出各种有趣的应用，从个人理财工具到支付应用，这些应用可以增加客户的便利性，提高银行的竞争力。

第三，增加客户选择。开放式 API 的发展为客户提供了更多的选择。客户可以根据自己的需求选择不同的应用程序和服务，以满足他们的金融需求，这种多样性有助于提高客户满意度，使他们感到更受关注和尊重。

第四，提高便利性。开放式 API 不仅增加了客户的选择，还提高了金融服务的便利性。客户可以通过各种应用程序访问他们的银行账户，进行交易和管理财务，这种便利性有助于提高客户忠诚度，促进客户保留。

三、商业银行金融科技创新战略合作的数字化客户体验

随着金融科技的崛起，商业银行不得不积极应对数字化革命带来的挑战。数字化客户体验已经成为银行业的关键焦点之一，因为它直接关系到吸引、满足和保留客户。为了在这一竞争激烈的市场中脱颖而出，商业银行需要与不同领域的合作伙伴合作，以实施创新的金融科技策略，以提供卓越的数字化客户体验。

（一）用户体验设计公司

用户体验设计公司是商业银行的关键伙伴之一。通过合作，银行可以改进其移动应用程序和在线银行界面，从而提供更好的用户体验。用户体验设计在数字时代具有至关重要的地位，因为它直接影响着客户的感受和满意度。一个直观、易用且吸引人的界面可以极大地提高客户的忠诚度和满意度。

当商业银行与用户体验设计公司合作时，他们可以期望看到一系列的改进。首先，设计公司可以帮助银行重新设计其移动应用程序，以确保用户界面清晰、简单，功能齐全，以满足客户需求，这将提高客户使用应用程序的频率，从而加深他们对银行的依赖。其次，用户体验设计公司可以协助改进在线银行界面，以确保客户能够方便地访问其账户信息、进行交易和管理金融事务，这意味着更少的用户疑虑和更多的客户满意，因为他们可以更轻松地与银行互动。此外，设计公司还可以帮助商业银行优化其网站和应用程序的视觉设计，以确保他们与银行的品牌形象一致，这有助于创建一个一致的品牌形象，提高了银行的专业形象，同时也提高了客户对银行的信任。

人工智能技术可以在多个领域提供帮助。首先，人工智能技术可以用于改进客户支持。银行可以引入虚拟助手或聊天机器人，这些机器人可以回答常见问题、提供账户信息和帮助解决问题，这减轻了客服代理的工作负担，同时也提供了 24/7 不间断的支持，满足了客户的即时需求。其次，人工智能技术还可以用于提供个性化的产品和服务建议。通过分析客户的交易历史、偏好和行为，银行可以使用人工智能技术算法为客户推荐最合适的产品和服务，这不仅提高了交叉销售的机会，还提高了客户的满意度，因为他们感到银行真正了解他们的需求。此外，自然语言处理技术使银行能够更好地理解客户的言辞和需求。通过分析客户的文本交流，银行可以更好地捕捉客户的情感和需求，以更好地满足他们的期望，这些合作不仅可以改善客户的整体体验，还可以提高银行的运营效率。人工智能技术可以处理大量的客户交互，减少了重复性工作，同时也减少了客户等待时间，这使银行能够更高效地处理客户需求，同时降低了运营成本。

（二）人工智能和自然语言处理公司

与人工智能和自然语言处理公司的合作也有助于银行在竞争激烈的市场中保持竞争优势。那些能够提供更好的客户支持和更个性化的服务的银行将更有吸引力，吸引更多的客户并保留现有客户。

数字化客户体验需要高水平的安全性，以保护客户的个人和财务信息。商业银行必须与安全技术公司合作，确保其数字渠道得到充分的保护，以防止数据泄露和网络攻击。

合作可以包括共同研发和实施先进的安全技术，以确保客户的数据安全，这可能包括生物识别技术、多因素身份验证和加密技术的应用。安全技术公司可以提供专业的知识和工具，帮助银行建立坚固的防御系统，以应对不断演进的网络威胁。此外，合作还可以涉及安全培训和教育，以确保银行的员工了解和遵守最佳的安全实践。员工的安全意识对于保护客户数据和防止内部威胁至关重要。安全技术公司可以提供培训和资源，帮助银行提高员工的安全意识。

安全合作还可以扩展到监测和应对安全事件。安全技术公司可以提供实时监测和应对服务，以及应对潜在的威胁和攻击，这种合作可以确保银行能够快速识别和应对潜在的风险，从而降低潜在的安全威胁对客户的影响。此外，商业银行还可以与数据分析和预测公司合作，以提高其数字化客户体验。数据分析是数字化时代的核心，因为它可以帮助银行更好地了解客户，预测客户行为，以及优化产品和服务。

合作可以涵盖多个方面。首先，数据分析公司可以帮助银行建立强大的数据分析平台，以整合和分析大量的客户数据，这使银行能够更好地了解客户的需求和偏好，从而提供更个性化的服务。其次，数据分析公司可以帮助银行开发预测模型，以预测客户行为和需求，这可以帮助银行更好地规划和定制产品和服务，以满足客户的需求。最后，数据分析还可以用于风险管理。合作伙伴可以帮助银行识别潜在的风险，并采取措施来降低这些风险的影响，这对于保护客户的利益和银行的声誉至关重要。最重要的是，数据分析可以帮助银行改进客户洞察力。通过深入分析客户数据，银行可以更好地了解客户的需求和期望，以提供更加精确的建议和服务，这不仅提高了客户满意度，还增加了交叉销售和交易的机会。

除了以上提到的合作伙伴，商业银行还可以与支付技术公司、区块链技术公司、物联网技术公司等不同领域的科技合作伙伴合作，要不断创新数字化客户体验。支付技术公司可以帮助银行提供更多种类的支付选项，包括移动支付、数字钱包等，以满足不同客户的需求。

第五节　基于开放共享的科技平台合作创新研究

科技公共服务平台作为一个开放高效的科技创新创业的服务体系和保障体系，是通过大型公共科技设施建设、科技数据与科技文献资源共享，构筑了一个为全社会科技创新服务的共享平台。它可显著地强化科技创新的公共服务供给、改善创新创业环境、优化创新资源品质、降低企业和个人创新创业成本，是科技创新创业不可或缺的基础条件。

一、基于开放共享的科技平台合作创新——资源整合

资源整合是科技平台工作的基础。资源整合不是简单罗列，而是根据服务创新活动的需求和优化科技资源配置的需要，通过整合达到避免资源重复建设、提高资源利用效率的目的。

第一，建立可持续资源整合机制是科技平台运行发展的重要前提。科技平台工作是一项长期性、基础性工作，强调科技资源不断更新、发展、优化，必须建立一套有效的资源可持续整合机制。增量带动存量是资源整合的重要手段，有效调控新增科技资源，激活存量资源，最大限度发挥现有资源的潜能，建立财政支持形成的科技资源汇交制度是从源头上保障资源持续整合的有效途径，如科技计划项目所形成的科学数据、研究报告等成果是重要的科技资源，在项目立项时要明确科技资源汇交任务和经费预算，并将汇交资源情况作为项目验收的必备条件和新申报项目的重要依据等。同时，科技平台要根据不同类型科技资源特点，探索不同的资源整合模式。

第二，科技资源质量是科技平台持续运行的重要保障。资源质量保障一般通过建立符合科技资源特点的资源整合标准和技术规范，具备完善的质量控制体系和准入制度，保障整合资源的及时维护和更新。同时，在资源整合过程中，注重质和量的关系，不能盲目地扩充资源的数量，而是从需求导向和效率原则出发，权衡资源规模与科技平台高效服务的关系。

第三，兼顾资源整合的广度与深度。资源整合广度涉及科技平台资源覆盖面，在明确界定科技平台整合资源类型边界的基础上，国家科技基础条件平台更加强调跨部门或跨地方的资源整合特点，突出资源规模在本领域、本区域同类资源中占绝对优势，能够代表国家科技资源水平。资源整合深度则强调对资源的深入挖掘和分析利用，发挥资源的综合集成效应。同时，在科技信息资源共享与服务的价值传递中形成知识化的服务链条，使科技信息资源获得价值增值，也是资源整合深度的重要体现。

第四，突出科技资源信息的整合共融。信息共享带动实物资源共享是推动科技平台工作的重要手段，一方面通过国家科技平台门户建设，实现海量信息的有效整合、快速检索、准确导航和远程服务，建立我国科技资源信息服务窗口和主阵地；另一方面要加强各科技平台资源信息运行服务系统建设，一般每个科技平台应有一个统一的、在本领域知名度较高的对外信息服务窗口，资源信息相对集中，避免在科技平台内部形成一个个分散的"信息孤岛"，在资源信息共融的基础上实现共享。

二、基于开放共享的科技平台合作创新——运行管理机制

科技平台建设是一项涉及诸多方面的系统工程，建立层次分明、责权机制明确、运转

高效的运行管理机制成为保障科技平台发展的关键因素，一般涉及组织管理、制度规范、利益分配等方面。

第一，建立完善的决策、执行、咨询、监督机制，是科技平台有效运行的基本组织保障。决策机构一般要兼顾科技平台主管部门、牵头单位、参加单位等利益相关方，确保科技平台工作按照统一的组织、统一的要求、统一的步骤有序开展。执行机构在科技平台运行中发挥组织协调、组织服务的核心作用，具体执行决策层提出的战略部署和整体规划，同时对各参加单位进行业务指导和监督检查。咨询机构负责对科技平台运行服务与管理提供战略咨询，在组成上一般要兼顾专业、管理、信息、财务等各个方面。监督机构负责对科技平台运行服务进行监督评价，提供需求建议，一般由科技资源重要用户组成。

第二，建立健全科技平台管理、共享服务、利益分配等方面的管理制度体系，是科技平台有效运行的基本制度保障。首先科技平台应制定明确的章程，规范和约定各参加单位之间的责、权、利。同时，科技平台应制定一系列符合自身特点的管理制度和相关规范，保障科技平台运行管理科学化、规范化、制度化。科技平台管理制度一般应由平台决策机构审定，主要的应由涉及的相关主管部门共同发布，保证制度的权威性和有效实施。

第三，具备合理的利益分配机制是科技平台运行管理的核心要素。科技平台建设涉及各单位之间、资源提供者和资源利用者之间的利益关系，利益分配机制应围绕各利益相关方在共建共享的基础上实现共赢的目标进行设计。建立良好的利益分配机制，首先应明确科技平台内部分工与合作关系，做到责、权、利明晰；其次，科技平台内部要建立一套科学的绩效考核指标，以及科技平台参加单位准入、退出机制和协议制度，突出按照服务的质和量完善利益分配方式。

第四，在科技平台运行管理中，要妥善处理好虚实结合的关系。科技平台在组织模式上一般是在机制创新和制度保障基础上建立的多单位共同参与的"虚拟组织"，充分体现了集聚优质科技资源的优点，具有较好的灵活性。但是"虚拟组织"的突出问题是参建单位之间的管理协调工作难度大，因此，在科技平台的组织管理中，发挥科技平台运行服务专门管理机构在组织协调中的核心作用尤为重要，强调运行服务专门管理机构的实体化运作和专职化管理与服务，实行人、财、物相对独立的管理机制。

三、基于开放共享的科技平台合作创新——共享服务机制

科技平台应按照不同类型科技资源的特点和发展规律，建立适应平台运行服务特点的共享服务机制。

第一，信息公开机制是实现共享服务最基本的要求，科技平台建设的首要目标就是率先实现资源信息共享。信息公开首先要做到资源目录公开，包括公开科技资源内容、服务

方式、服务电话、服务单位、服务网址、服务监督电话等，保障社会用户充分了解科技资源信息和获取服务的渠道。信息公开可采取多种方式，但最基本的是要充分发挥国家科技平台门户和各科技平台网站的作用，建立业内权威的信息服务窗口和品牌。信息公开涉及科技资源的数字化加工和信息化处理，在科技资源信息描述元数据、详细资源信息等方面，建立完善的标准和技术规范是保证信息公开质量的重要前提。

第二，开展专题服务是深化共享服务的重要手段。一般而言，专题服务是在保障科技平台日常服务的基础上，更加强调国家重大需求导向，聚焦重点目标，突出科技资源的综合集成、深度挖掘和分析利用，形成高端资源精品，开展综合性、系统性、知识化服务。针对当今大数据时代的机遇和挑战，开展在科技资源挖掘和综合分析基础上的专题服务尤为重要，鼓励开展跨平台联合专题服务，建立跨平台合作机制，通过跨平台资源整合有效支撑协同创新研究和技术创新活动。同时，围绕国家重大应急、突发性事件，建立应急服务响应机制和预案制度，充分发挥科技平台的应急服务能力和预测预警作用。

第三，建立科技资源向企业流动集聚机制。当前，突出企业技术创新主体作用，强化"产学研用"紧密结合对科技平台提出更高的要求，科技平台不仅要服务科研创新，更要注重将服务范围向支撑企业技术创新、区域创新延伸。可通过在地方或企业聚焦区建立服务站等方式，以企业和区域创新需求为导向开展主动服务和跟踪服务，完善平台支撑企业技术创新和区域创新的工作机制，推动创新资源向企业聚集。

第四，建立科技资源使用标注机制。在科技平台共享服务中，研究和加强平台开放服务支撑成果的标注管理。科技资源开放服务支撑产生的重要成果，应要求用户在成果中体现科技资源提供方的贡献，明确科技平台发挥的作用，以保障科技资源提供方利益、调动科技平台人员工作积极性。

参考文献

[1]阿尔琼瓦德卡尔.金融科技:技术驱动金融服务业变革[M].李庆,王垚,译.北京:机械工业出版社,2019.

[2]卜亚.金融科技新生态构建研究[J].西南金融,2019(11):51.

[3]陈磊,张永宁.科技创新平台的合作伙伴选择[J].武汉理工大学学报(信息与管理工程版),2008(2):273.

[4]陈婷鸽.云计算技术发展分析及其应用探讨[J].信息记录材料,2021,22(3):66-67.

[5]程一方.智能医疗的发展与应用[J].中国新通信,2019,21(1):220.

[6]董涛.加快我国金融科技发展的建议与思考[J].科技信息,2013(5):426.

[7]杜蕊.云计算技术发展的现状与未来[J].中国信息化,2021(4):43-45.

[8]方巍,郑玉,徐江.大数据:概念、技术及应用研究综述[J].南京信息工程大学学报,2014(5):405.

[9]龚屹东.云计算技术发展态势[J].中国科技纵横,2018(4):55-56.

[10]龚勇.数字经济发展与企业变革[M].北京:中国商业出版社,2020.

[11]顾晓敏,梁力军,孙璐.金融科技概论[M].北京:中国金融出版社,2020.

[12]何颖,胡磊.共同富裕导向下数字经济赋能绿色金融发展研究[J].上海商业,2023(5):94.

[13]何允雄.数字化背景下农村经济高质量发展的优势、困境与路径选择[J].山西农经,2023(7):70-72.

[14]胡峰.大数据时代下企业经营管理模式与发展研究[J].中国商论,2018(21):6-7.

[15]李白.数字化时代企业核心竞争力研究[J].商业观察,2022(28):37-40.

[16]李秉祥,任晗晓.大数据资产的估值[J].会计之友,2021(21):127-133.

[17]李步天.区块链跨链技术的发展与应用[J].数字技术与应用,2023,41(1):16-18.

[18]李建军.金融科技理论与实践[M].北京:中国财政经济出版社,2021.

［19］李明贤,李琦斓.金融科技推动下的普惠金融商业模式创新研究［J］.农村金融研究,
　　　2020（4）:10.

［20］李帅,宋博.我国数字科技服务金融的商业模式探索［J］.今日财富（中国知识产权）,
　　　2019（6）:100.

［21］零壹财经·零壹智库.金融科技发展报告.2018 版［M］.北京:中国经济出版社,2019.

［22］刘变叶,张雪莲,郑颖,等.金融科技结合的路径创新［M］.北京:中国经济出版社,2021.

［23］刘光妍.新时代背景下数字经济推动经济发展的几点思考［J］.商情,2021（17）:23.

［24］刘品新.论大数据法律监督［J］.国家检察官学院学报,2023,31（1）:76-92.

［25］刘秋菊.数字经济时代企业数字化转型未来可期［J］.中国乡镇企业会计,2021（10）:
　　　137-138.

［26］马亮,大数据技术何以创新公共治理? 数据新加坡智慧国案例研究［J］.电子政务,2015
　　　（5）:2-9.

［27］毛敬玉.区块链技术在企业互联网安全防护中的应用［J］.网络安全技术与应用,2023,
　　　（5）:103-105.

［28］梅宏.大数据与数字经济［J］.求是,2022（2）:28-34.

［29］齐靓靓,曹添雅.金融科技视角下商业银行经营模式的创新［J］.内蒙古科技与经济,
　　　2022（19）:67.

［30］邵艳.数字经济赋能企业财务智能化:实现路径与应用趋势［J］.铜陵学院学报,2022,21
　　　（3）:40-43,65.

［31］孙克.数字经济［J］.信息通信技术与政策,2023（1）:1.

［32］孙莹,完欣玥.科技服务赋能地方数字经济发展［J］.学会,2023（4）:60-63.

［33］王沛栋.数字经济的发展探析［J］.中共郑州市委党校学报,2019（3）:30-32.

［34］徐秋枫.数字化企业形象设计的新发展［J］.美与时代（上旬）,2013,（8）:88-90.

［35］叶蜀君,李展.金融科技背景下商业银行面临的风险及应对策略［J］.山东社会科学,
　　　2021（3）:104-111.

［36］张敬文,江晓珊,周海燕.战略性新兴产业技术创新联盟合作伙伴选择研究——基于
　　　PLS-SEM 模型的实证分析［J］.宏观经济研究,2016（5）:79.

［37］周帆,陈晓蝶,钟婷,等.面向金融科技的深度学习技术综述［J］.计算机科学,2022,49
　　　（S2）:20.